BAJO LAS PALMAS REALES

Alma Flor Ada

BAJO
— LAS —
PALMAS
REALES

UNA INFANCIA CUBANA

loqueleo

loqueleo

BAJO LAS PALMAS REALES: UNA INFANCIA CUBANA
Título original en inglés:
Under the Royal Palms: A Childhood in Cuba

© Del texto: 2000, Alma Flor Ada
© De esta edición:
   2016, 2009, Santillana USA Publishing Company, Inc.
   2023 NW 84th Avenue
   Doral, FL 33122, USA
   www.santillanausa.com

ISBN: 978-1-63113-971-0

Loqueleo es un sello del **Grupo Santillana**.
Estas son sus sedes:
Argentina, Bolivia, Chile, Colombia, Costa Rica, Ecuador, El Salvador,
España, Estados Unidos, Guatemala, México, Panamá, Paraguay, Perú,
Puerto Rico, República Dominicana, Uruguay y Venezuela.

Published in the United States of America
Printed in Colombia by Editora Géminis S.A.S.
20 19 18   3 4 5 6 7 8

Todos los derechos reservados.
Esta publicación no puede ser reproducida, ni en todo ni en parte,
ni registrada en, o transmitida por un sistema de recuperación de
información, en ninguna forma ni por ningún medio, sea mecánico,
fotoquímico, electrónico, magnético, electroóptico, por fotocopia o
cualquier otro, sin el permiso previo por escrito de la editorial.

www.loqueleo.santillana.com

AGRADECIDA:

A Quica,
que crea puentes con rayos de sol.

A Jonathan Lanman,
que transforma en libros los sueños.

A Rosalma,
gracias por tu apoyo constante
y por ser quien eres.

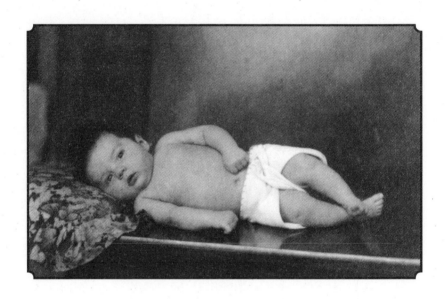

◆ ALMA FLOR ADA ◆
A LOS 47 DÍAS DE NACIDA

Índice

Prefacio	9
Murciélagos	17
Barro	23
Exploradores	27
Alas rotas	35
Navidades para todos	51
Gilda	59
Madame Marie	67
El misterio de mi tío Manolo	71
La leyenda del aura blanca	83
¡Temporal!	89
Epílogo	93

✦ CON MIS PADRES ✦

Prefacio

Mi niñez transcurrió en Camagüey, mi ciudad natal, en la zona oriental de Cuba, una de las muchas islas del archipiélago antillano. Las cuatro islas mayores del Caribe, las Antillas Mayores, son Cuba, la Española (que es la isla que comparten Haití y la República Dominicana), Jamaica y Puerto Rico. Entre ellas, Cuba, larga y angosta, es la más grande. Algunos piensan que semeja un caimán dormido sobre el mar. Cuba se encuentra muy cerca del extremo sur de la Península de la Florida. Por su ubicación a la entrada del Golfo de México, se la llama "la Llave del Golfo". Y en su escudo aparece una llave dorada. Debido a su belleza, su tierra fértil y su clima incomparable, nunca demasiado húmedo ni demasiado agobiante, se la llama también "la Perla de las Antillas".

Durante mi infancia, Camagüey era un lugar tranquilo. Muchas de sus calles eran estrechas y retorcidas, y en su mayoría estaban adoquinadas. Cada vez que llovía, los grises adoquines mojados se volvían resbalosos y traicioneros para los caballos que tiraban de los carros de los lecheros, los panaderos y los carboneros. Me daba mucha pena cuando un caballo resbalaba y se caía sobre los adoquines. Era doloroso verlos luchar para conseguir volverse a poner de pie. Muy pocas personas tenían autos, que llamábamos máquinas. La mayoría utilizaba el transporte público: guaguas, o autobuses, atiborradas de pasajeros, o lentos y ruidosos tranvías. Caminábamos muchísimo, para ir a la escuela o al trabajo, para ir de compras o de visita por las tardes, visitas inesperadas, no anunciadas, pero siempre bien recibidas.

Casi todas las casas tenían techos de tejas, con canales para recoger el agua de lluvia. En el centro de la ciudad, las casonas coloniales eran espaciosas, generalmente construidas alrededor de un patio interior, con amplias puertas y altas ventanas, protegidas del techo al suelo con balaustres de madera torneada.

Era un lugar de grandes contrastes. Contrastes en la conducta de las gentes, sus creencias y sus prácticas. Aunque la mayoría hubiera descrito a la Cuba de entonces como un país católico, en realidad había gentes de muy distintas creencias. Las personas de ascendencia africana, cuyos antepasados fueron esclavizados, con frecuencia practicaban sus propias creencias bajo un manto de imágenes y símbolos católicos. Algunas personas se habían convertido al protestantismo, siguiendo las prédicas de misioneros estadounidenses: episcopales, bautistas, metodistas. Siempre ha habido hebreos en los países hispánicos, y después de la Segunda Guerra Mundial

PREFACIO

muchos más llegaron a Cuba huyendo de los horrores del nazismo. A muchos chinos se los sedujo para ir a Cuba con la falsa promesa de darles tierras. Después de muchos años de trabajo esclavizante en los campos, su tenacidad y perseverancia les habían permitido a muchos mudarse a las ciudades donde eran dueños de tiendas y restaurantes, de trenes de lavado de ropa y de huertas, donde cultivaban verduras. Aunque algunos de ellos se convirtieron al cristianismo, muchos retuvieron sus creencias ancestrales. Y luego estaban los libre pensadores, quizá los menos numerosos, que creían que la espiritualidad no necesita de ritos y reglas.

Había un circulo pequeño, pero económicamente muy poderoso, de terratenientes y ganaderos, o de profesionales, que seguían costumbres europeas y se consideraban más refinados que el pueblo. Oían música clásica, visitaban las exposiciones de arte y suspiraban por el teatro y el ballet. Hablaban con voces cultivadas que demostraban su refinamiento.

Y luego estaba el pueblo, mucho más numeroso; los trabajadores, en su mayoría, fuertes, ruidosos, bulliciosos, rebosantes de vida y energía, y cuya educación era muy distinta de la impartida por la escuela: una educación recibida en la casa, de tradiciones y creencias enraizadas.

El contraste mayor para mí, sin embargo, no estaba en las diferencias de educación y creencias. El contraste mayor, el más significativo, era que algunos tenían mucho y otros muy poco. Mientras para algunos la vida era fácil y la hermosa isla casi un paraíso, para otros era muy difícil la mera subsistencia. Y muchos, especialmente los niños pequeños, no lograban sobrevivir.

Aun cuando yo era sólo una niña, estos contrastes me confundían y me preocupaban. Cuba era una república muy joven (ganó la independencia de España en 1898, y de los Estados Unidos en 1902, menos de cuarenta años antes de que yo naciera) por eso oí muchos relatos sobre la lucha por la independencia, los sueños que habían inspirado la lucha y los héroes que habían abierto el camino. Pero cuando miraba a mi alrededor, para descubrir si los ideales estaban vivos, me entristecía al descubrír que, en general, no lo estaban. En el campo, las majestuosas palmas reales, símbolos de la independencia cubana, se alzaban sobre las copas de los árboles que las rodeaban. Pero debajo de esas palmas vi demasiada pobreza y demasiado dolor, y comprendí que los sueños de justicia e igualdad estaban muy distantes.

Mi familia no era rica, pero como había varios adultos que compartían la misma casa y todos eran muy trabajadores, no sufríamos ninguna de las carencias de quienes tenían tan poco. Sin embargo, para mí esto era un motivo de preocupación y angustia. Aunque aprendí muy temprano que la verdadera riqueza no consiste en bienes materiales, mi corazón se entristecía por los que sufrían tanto para lograr sobrevivir.

Nací en una vieja casona, la Quinta Simoni, una casa construida por una familia italiana durante los tiempos de la Colonia. Una de las hijas de la familia Simoni, Amalia, que había nacido en la quinta, se casó con el joven abogado Ignacio Agramonte. Unos años después, Agramonte escribió la Constitución de los insurgentes y luchó contra el ejército español, para liberar a Cuba de la dominación española. Me conmovía saber que la casa que yo amaba, que era mi

◆ ALMA FLOR ADA ◆
A LOS 3 AÑOS DE EDAD

mundo, había sido el lugar donde Ignacio y Amalia se conocieron, se enamoraron, y donde vivieron brevemente después de su matrimonio. Ignacio murió luchando y los españoles regaron sus cenizas porque no querían que su tumba se convirtiera en un santuario. Para mí, el jardín en que había caminado con Amalia, el portal donde habían intercambiado dulces palabras de amor y sus sueños de independencia, eran de hecho un altar a sus ideales.

Mi abuelita querida, a quien yo llamaba Mi Paraíso, me hablaba de estos ideales de libertad e igualdad todas las noches, durante los pocos años que pudimos compartir. Después de su muerte, la casona se convirtió para nosotros en un santuario a su memoria. Tanto en este libro, como en el libro que lo acompaña, *Allá donde florecen los framboyanes*, he compartido sentimientos y recuerdos de mi infancia, así como algunas de las historia familiares. Compartir estas memorias es mi modo de mantenerlas vivas y seguir comprendiendo la vida. Este libro se llama *Bajo las palmas reales*, porque la palma real, alta y majestuosa, que se alza sobre los árboles que la rodean, es el símbolo de Cuba independiente.

Espero que mis relatos sean para ti, lector, lectora, una invitación a descubrir muchas historias de tu propia vida, y su profundo significado.

✦ UNA PALMA REAL ✦

◆ LA QUINTA SIMONI ◆

MURCIÉLAGOS

La vida en la Quinta Simoni empezaba al amanecer. El delicado aroma de los jazmines y gardenias que inundaba la noche, entrando en mi cuarto por la ventana del jardín, desaparecía opacado por el olor agrio, aunque amistoso, del café recién colado.

Antes de que me hubiera despertado del todo, mi abuela me levantaba en brazos y me llevaba a ver ordeñar las vacas. Su cuello olía a talco fresco, y su vestido, siempre blanco, a lavanda y tomillo.

Cuando regresábamos a la casa, todos trajinaban afanosos, preparándose a partir: mi padre, a enseñar en el Instituto; mi tío Manolo, a la estación de radio, donde era locutor; mi tío Medardo, a su oficina; mi tía Lolita, a sus clases; y mi abuela, a dirigir su escuela.

Muy pronto, en la casona quedábamos sólo mi madre y yo. Mientras ella trabajaba en sus enormes libracos de contador, yo me pasaba horas jugando a solas, bajo los árboles.

Por las tardes, a eso de las cuatro, me bañaba y me vestía de limpio. Entonces podía quitarme las botas ortopédicas que odiaba, con sus plantillas de hierro para mis pies planos, y me ponía los zapaticos blancos con correíta y hebilla. Y mientras mi madre me ataba en un lazo las bandas de la cintura de mi vestido, me sentía como mariposa, que todos los días tenía que regresar a su capullo y cada tarde se escapaba de él.

Enseguida me iba a recoger maravillas. Las florecillas silvestres, rojas, anaranjadas, blancas, moradas o pintadas, abrían sólo al atardecer. Era como si, igual que yo, tuvieran dos vidas: una arrugada y enrollada en sí misma durante el calor del día; otra abierta y esplendorosa al caer el sol. Crecían abundantemente en un terreno baldío como a cuadra y media de la Quinta. Y yo iba en su búsqueda, caminando orgullosa por la acera, mirándome los zapatos y dispuesta a recoger tantas como pudiera.

A mi regreso, mi abuelita me esperaba en el portal, sentada en su balance, siempre dispuesta a celebrar la belleza de mi sencilla ofrenda. Luego, nos íbamos, en puntas de pie, como quien se aproxima a un altar, a colocar las flores sobre el piano, un ritual que a ambas nos deleitaba. Hacíamos guirnaldas para colocárselas al busto de José Martí, el patriota y héroe cubano de nuestra independencia, y a una muñeca vestida con traje maya que alguien le había traído a mi abuela de Guatemala. Abuelita sonreía y decía: "Para Martí y su niña de Guatemala". Yo también sonreía, porque el poema que Martí le había escrito a una joven guatemalteca, aunque muy triste, era uno de mis favoritos. Y me encantaba que mi abuela hubiera decidido unir, sobre el piano, al poeta y a la niña que murió amándolo.

Una vez terminado el ritual, regresábamos, cogidas de la mano, al portal de enormes arcos. Ella se sentaba en su balance, yo, en el quicio, a sus pies, y la escuchaba cantar los versos de Martí, con música compuesta por ella misma:

Quiero, a la sombra de un ala,
contar este cuento en flor:
la niña de Guatemala,
la que se murió de amor.

...Ella dio al desmemoriado
una almohadilla de olor:
él volvió, volvió casado:
ella se murió de amor.

...Se entró de tarde en el río,
la sacó muerta el doctor.
Dicen que murió de frío:
yo sé que murió de amor.

El sol muriente cubría de oro el cielo de la tarde y mi abuela comenzaba una nueva canción, con versos de Martí:

Cultivo una rosa blanca,
en junio como en enero,
para el amigo sincero
que me da su mano franca.

Y para el cruel, que me arranca
el corazón con que vivo,
cardos ni ortigas cultivo;
cultivo una rosa blanca.

Y la noche nos envolvía, sin que nos diéramos cuenta, como ocurre en el trópico. Entonces empezaban a aparecer los primeros murciélagos. Vivían en el portal, entre el cielo raso y el techo. De día no se los veía ni se los oía. Pero al caer la noche empezaban a oírse sus chirridos, como una orquesta afinando sus instrumentos antes del concierto, y el techo del portal cobraba vida.

A veces, un pequeñín se caía por una rendija, quizá empujado por un adulto inconsciente o a causa de su propio descuido. Aun si todavía no podía volar, el murcielaguito abría por instinto las alas membranosas, y descendía planeando, y así llegaba vivo al suelo, aunque quizá algo atontado. En algunas ocasiones, un murciélago adulto venía enseguida a rescatarlo. Entonces, el pequeñín se agarraba del pecho del adulto y regresaba a casa sano y salvo. Pero en otras ocasiones, si ningún murciélago adulto venía al rescate, teníamos que decidir qué hacer: usar una enorme escalera para regresarlo al nido o ponerlo en una caja de zapatos vacía y alimentarlo con el biberón de mi muñeca. Afortunadamente, esto sólo ocurría de cuando en cuando.

La mayor parte de las noches, mi abuela y yo pretendíamos contar los murciélagos a medida que salían del nido a alimentarse de las frutas de nuestros patios: dulces mangos, sabrosas guayabas, suaves y delicados nísperos. Sabíamos

✦ MI ABUELA LOLA ✦
DOLORES SALVADOR MÉNDEZ

BAJO LAS PALMAS REALES

de más que era imposible llevar una cuenta exacta, porque en unos minutos su número pasaría de ser unos pocos, volando en círculo sobre nuestras cabezas, a varias docenas, que iban y venían en un revolotear continuo, de modo que era imposible saber cuáles acababan de dejar el nido. Tratábamos de contarlos una y otra vez, hasta que al final nos echábamos a reír, de los murciélagos, de nosotras mismas, de nuestro juego, de la deliciosa tibieza de la noche, fragante con el aroma de jazmines y gardenias. Mis tías y mi madre sonreían, sacudiendo la cabeza: "Miren a esas dos, contando murciélagos otra vez..."

La quieta serenidad de esos atardeceres y el tierno amor que nos teníamos mi abuela y yo me ha nutrido a través de la vida. Y en las muchas ocasiones en que he sentido que una vez más estoy tratando de contar murciélagos, afanada en tareas utópicas, me he permitido reír, agradecida de recordar que algunas de las mejores cosas de la vida son como contar murciélagos. Lo importante no era la cuenta final sino la alegría de verlos volar. ⤺

BARRO

En los meses de verano, los aguaceros llegaban sin anunciarse, descargando torrentes de agua sobre las copas de los árboles, los tejados y la tierra. Esas lluvias de verano nos encantaban a mi madre y a mí. Apenas caían las primeras gotas, corríamos a ponernos las trusas, los trajes de baño, para salir a jugar. Era fabuloso sentir las fuertes gotas sobre la espalda desnuda, sacudir la cabeza y sentir el pelo largo mojado y pesado por el agua de lluvia, y quitarme las sandalias de goma y dejar que el fango se deslizara entre los dedos de mis pies.

Pero aunque me encantaba el fango del patio, prefería el barro, rojo y espeso, que recogía al otro lado del río para hacer tacitas y platitos. Amasaba el barro hasta convertirlo en una pelota que luego aplastaba entre las palmas de las manos hasta que tomaba la forma de un plato circular. Para hacer un plato hondo, presionaba en el centro con el pulgar. Hacía tazas, presionando la bola de barro contra la palma de la mano para aplanar la base. Luego, con el dedo índice formaba con cuidado una cavidad en el centro. El asa era un cilindro delgado de barro, que yo doblaba hasta darle la forma adecuada.

Casi siempre dejaba que mis vajillas de barro de secaran al sol. Pero en algunas ocasiones, los alfareros que trabajaban al otro lado del río me dejaban poner mi propia tabla, con mis vajillas creadas con tanto cuidado, dentro del horno. Muchos de los platos, tazas y ollas no resistían el fuerte calor del horno y se quemaban, pero algunos sobrevivían, y el rojo barro se volvía negro, fuerte y duradero.

El barro no era sólo un juguete de niños, sino que cumplía muchos propósitos útiles. Camagüey es renombrado por sus tinajones, enormes tinajas de barro. En tiempos coloniales, cuando todavía no se había construido un acueducto, cada patio tenía uno o más tinajones. En la temporada de lluvia el agua descendía por los techos de tejas a las canales, y de allí bajaba a los tinajones, donde se almacenaba para los meses de sequía. En ninguna otra parte de cuba, existía un barro tan excelente, ni alfareros capaces de crear tinajones de tal tamaño. En la época de mi niñez, ya no quedaban alfareros que supieran hacer tinajones de tan gran tamaño en sus tornos, pero el barro, rojo y espeso, seguía abundando.

Los pocos alfareros que todavía trabajaban en tornos, haciendo girar con sus pies descalzos la rueda de madera que le hacía tomar forma a la arcilla mojada, fabricaban sólo tinajones de adorno. Estos tinajoncitos los compraban como

BARRO

recuerdo los pocos turistas que visitaban de cuando en cuando Camagüey, pero eran sobre todo regalos nostálgicos para los camagüeyanos que se mudaban a la capital, la Habana, y querían decorar sus nuevos apartamentos o casas con un recuerdo de su tierra natal.

Había tinajoncitos de adorno de distintos tamaños y estilos. Algunos eran sólo de barro cocido, otros estaban vidriados, y algunos tenían pintados paisajes del campo cubano: una palma solitaria o un bohío de techo de guano.

De niños, llevábamos a la escuela tinajas de barro, redondas y pesadas, con un asa pequeña arriba y una abertura por la cual beber. Aunque en España esa misma vasija de barro se llama botijo, nosotros lo llamábamos porrón, quizá para rimar con tinajón. El tiempo a veces trae rápidos cambios. El porrón fue algo que vi desaparecer durante mi propia niñez. Mi hermana Flor es sólo siete años menor que yo, pero nunca llevó porrón a la escuela. Bebía en cambio del bebedero de la escuela.

Mucho de lo que aprendí en la escuela primaria se me ha olvidado. Sin embargo, ¡qué bien recuerdo las lecciones que aprendí del barro! Amasar el barro es una labor tediosa. Pero sólo si se lo amasa bien puede modelárselo. Nada podía acelerar el proceso. Si bien el agua podía ayudar en algo, sólo debía usarse la cantidad adecuada. Demasiada agua haría que el barro se volviera resbaloso y fuera imposible darle forma. Trabajar con barro me enseñó a tener paciencia.

Como los alfareros sólo me dejaban poner cosas en su horno muy de vez en cuando, mis tacitas y platitos tenían que secarse casi siempre al sol. Quedaban muy frágiles y por ello

BAJO LAS PALMAS REALES

eran aún más preciados. Modelar arcilla me enseñó a valorar lo que puedo crear.

Ahora de adulta amo la cerámica. Cada vez que veo una vasija de barro, pienso en las mujeres que a través de los años han moldeado arcilla en sus manos, para llevar agua, para almacenar alimento, para cocinar y alimentar a sus familias. Me encanta imaginarme a la primera persona que descubrió que era posible amasar el barro, y a las muchas otras que, en distintas partes del mundo repitieron una y otra vez el mismo descubrimiento.

Para mí la vida es una serie de milagros, y la presencia de este material esencial y generoso, siempre listo para convertirse en algo útil o bello, es uno de esos milagros.

¡Qué fresca y grata el agua del porrón, agua pura con trazas de sabor de barro! Agua que, mientras yo dormía, se había ido filtrando, gota a gota, en el filtro de piedra de la cocina. Agua con la que mi madre había llenado amorosamente el porrón en la mañana. Agua amiga esperando a nuestro lado, siempre lista junto a nuestros pupitres, en el calor tropical. ◂

EXPLORADORES

La vida en la Quinta Simoni ofrecía constantes invitaciones a la aventura. Una mañana me encontré con mis primos Jorge y Virginita junto al árbol caído. Era un álamo enorme, al que posiblemente habían arrancado de raíz los vientos huracanados de un ciclón. El árbol se había negado a morir, y aunque caído, había echado nuevas ramas. Estas ramas, cubiertas de hojas acorazonadas, se proyectaban hacia arriba como lanzas que apuntaran al cielo. Era un excelente lugar para jugar. Unas veces era nuestro barco pirata, y en él recorríamos el Caribe mientras el viento hinchaba nuestras velas verdes. Otras veces era un castillo, y desde sus almenas defendíamos nuestra fortaleza de los invasores. O quizá era un carromato cruzando las praderas, o un trineo atravesando las estepas rusas perseguido por una manada de lobos. En este día, el árbol caído era nuestro campamento en medio de la selva y desde él partiríamos a explorar.

Jorge nos explicó cómo movernos silenciosamente, arrastrándonos entre los arbustos, para evadir a las fieras y a los guerreros que nos seguían. No debíamos hablar ni mirar atrás. Si nos distraíamos o si regresábamos, nos comerían las fieras o nos capturarían los cazadores de cabezas.

Virginita y yo lo escuchábamos fascinadas. No sólo le llevaba dos años a su hermana y cuatro a mí, sino que él era quien leía las historias de aventuras que luego revivíamos. Confiábamos plenamente en sus palabras y lo seguíamos sin titubear.

Dejamos atrás el árbol caído y el gallinero, donde las gallinas se daban baños de polvo y comían las rojas frutillas del árbol de ateje. Nos escurrimos bajo la sombra de los framboyanes y sobre la brillante alfombra de pétalos rojos, hasta que llegamos al río.

No encontramos ni fieras ni cazadores de cabezas por el camino. Al contrario, nuestra llegada motivó que varias ranas y una jicotea que se asoleaban en las rocas se tiraran al agua.

Cruzamos el río sin dificultad y nos escabullimos detrás del tejar. El viejo alfarero y sus dos hijos, exiliados de la Guerra Civil española, no nos prestaron ninguna atención. Trabajaban descalzos. Sus pantalones blancos, hechos de sacos de harina, estaban manchados de rojo por el barro. Sus espaldas curtidas por el sol brillaban de sudor. Estaban tratando de destrabar la enorme rueda de hierro de la pisa, el hueco redondo donde se rompía y ablandaba el barro. El pobre penco, el caballejo flaco que hacía que la rueda girase y girase, esperaba pacientemente, posiblemente feliz de tener un breve descanso bajo el sol.

✦ MI MADRE Y MI TÍA MIREYA ✦
JUNTO AL RÍO EN LA VIEJA QUINTA SIMONI

Más allá del tejar comenzaba el marabuzal. Dicen que el arbusto de marabú lo llevó a Cuba una condesa a quien le gustaban sus flores, que parecen rosadas motas de polvo. Pero el arbusto no quiso quedarse encerrado en un jardín, y se fue extendiendo por los campos cubanos.

Una vez que el marabú se apodera de un campo, es muy difícil arrebatárselo. Las raíces se entretejen bajo la tierra y forman una red casi imposible de sacar. Hay que arar el campo para voltear la tierra y luego rastrillarla, asegurándose de remover cualquier trozo de raíz. De lo contrario, cualquier trocito que quede retoñará de nuevo.

Un campo lleno de marabú, un marabuzal, es impenetrable, a menos que se abra un trillo con un machete. Las ramas espinosas forman una barrera que solo se despeja un poquito junto al suelo.

Y fue a este nivel, arrastrándonos por el suelo, que empezamos a cruzar el marabuzal. Jorge nos enseñó que sería muy fácil si gateábamos entre los troncos delgados. Y de hecho era bastante fácil al principio. Pero muy pronto lo perdimos de vista. Como no era posible ponerse de pie, ni dar la vuelta, no nos detuvimos. Virginita y yo continuamos, tratando de seguir la ruta indicada por nuestro jefe explorador, que para entonces ya había desaparecido de nuestra vista.

En el campo, la gente usaba el marabú para hacer carbón. En esa época en Cuba, muy pocas personas tenían cocinas eléctricas o de gas. Se cocinaba con madera. O si se tenían los medios, con carbón. Y el carbón de marabú era el mejor. La madera del marabú es muy dura, así que arde por largo tiempo sin consumirse.

EXPLORADORES

Para hacer carbón de marabú, los carboneros cortaban los troncos o las ramas más gruesas y les quitaban las hojas y espinas. Luego, con los troncos y ramas, creaban un horno, una estructura cónica que se asemejaba a un tipi indígena. Cubrían el horno con tierra, dejándole sólo un orificio pequeño arriba, en el centro, para que saliera el humo. Y una abertura junto al suelo por donde encendían el fuego. El marabú, cubierto de tierra que no le dejaba formar llamas, ardía lentamente hasta convertirse en carbón. El horno ardía por varios días, y los carboneros lo cuidaban día y noche para que no fuera a arder demasiado rápido, pues la madera se consumiría del todo.

Algunas veces, si el horno estaba "tirando fuerte", es decir, quemándose demasiado rápido, los carboneros tenían que abrirlo y echarle dentro madera verde o más tierra. No era extraño que los carboneros tuvieran horribles cicatrices, que demostraban lo peligroso que era su trabajo.

A medida que nos internábamos en el campo de marabú, los árboles parecían acercarse y las ramas estaban más entrelazadas. Las espinas nos desgarraban la ropa y nos tiraban del pelo. Pero no había nada que pudiéramos hacer. Recordando la orden de Jorge de no volver atrás y desesperadas por escapar de la selva de marabú, nos esforzábamos por seguir adelante, esperando encontrar a nuestro jefe en algún recoveco de aquel horrible laberinto.

Los carboneros vendían el carbón por las calles. Los más afortunados tenían una plancha, un carretón de madera, con cuatro ruedas y una plataforma sin barandas, sobre el cual llevaban los sacos de carbón. Los más pobres caminaban por las calles, con un saco de carbón medio lleno sobre los hombros, vendiendo un puñado de carbón para cocinar la comida del día a quienes no podían comprar un saco entero. Se ponían un tosco saco de henequén sobre la cabeza para protegerse la espalda de la carga burda y pesada.

Por horas, Virginita y yo nos arrastramos por el marabuzal, tratando de evitar las espinosas ramas secas desparramadas por el suelo, dejando un rastro de hilachas de nuestra ropa y mechones de nuestro cabello.

En casa, todos estaban alarmados. ¡Las niñas no aparecían! Jorge, que había regresado hacía mucho, se distraía con otros pasatiempos. Nadie tenía idea de dónde estábamos

Mis padres fueron al río. Hablaron con los alfareros. Pero a nadie se le ocurrió que nos hubiéramos metido en el marabuzal. Jorge, para evitarse un regaño, sólo dijo que nos había dejado jugando al otro lado del río.

Bien entrada la tarde, con las ropas desgarradas y las caras cubiertas de lágrimas fangosas, por fin salimos al otro lado del marabuzal. Inmediatamente nos vimos rodeadas de un grupo de chiquillos, semidesnudos y tan sucios como lo estábamos nosotras, que nos invitaron a jugar al escondite. Pero agotadas como estábamos, no podíamos pensar en jugar y lo que hicimos fue echarnos a llorar.

Al oír nuestro llanto, los padres de los niños salieron a las puertas de sus bohíos.

—Pobrecitas —dijo con cariño una de las mujeres—. Se han perdido —me tomó en brazos y le pidió a Virginita que la siguiera.

En una vieja batea de latón, nos lavó la cara y las manos, cubiertas de arañazos. Luego abrió una lata de manteca, que

◆ CON MI TÍO MARIO, MI TÍA LOLITA Y UN PRIMO ◆
EN TIERRAS DE LA QUINTA SIMONI

usaba como alacena, y sacó de ella dos galletas de marinero. Cubrió las galletas con una áspera capa de azúcar prieta, el engaño con que la gente pobre le hacía creer a su cuerpo que habían comido cuando no tenían nada más sustantivo. Y nos entregó a cada una de las dos, una de las gruesas y duras galletas.

—Coman, niñitas, coman —nos dijo, animándonos—. No se preocupen. Las llevaremos a su casa.

Desde la puerta, los niños nos miraban con grandes ojos abiertos, tratando de imaginar qué habíamos hecho para merecer tan inesperada merienda generosa. ◂

ALAS ROTAS

Mi madre tenía tres hermanas y un único hermano, Medardo. Las cuatro hermanas eran tan emprendedoras, atléticas y decididas, en unos tiempos en que no era tan común que las mujeres fueran de este estilo, que quizá Medardo sentía la necesidad de superar su ejemplo. O quizá era porque había nacido con un cuerpo muy alto y fuerte, que Medardo llegó a destacarse en los deportes y en todo tipo de actividad física que pusiera a prueba su habilidad y fortaleza. En una época en que el cine y las tiras cómicas enaltecían a estos héroes, mi tío Medardo nos parecía una mezcla de Tarzán y Supermán.

Varias veces, durante las inundaciones que producían los ciclones, se había enfrentado con las corrientes del río Tínima para salvar a alguien de las aguas pantanosas. Era el deleite de la chiquillería del barrio, porque los llevaba en su enorme bicicleta niquelada, seis o siete a la vez: uno en el manubrio, uno o dos

✦ MI MADRE Y SUS TRES HERMANAS ✦
TÍA VIRGINIA, TÍA MIREYA,
ALMA (MI MADRE) Y TÍA LOLITA

ALAS ROTAS

en la barra delantera, dos o tres en la parrilla detrás de su asiento y, lo más audaz, un chico sobre los hombros. Pedaleaba a toda velocidad, como si no tuviera que balancear esta torre humana, y los muchachos exclamaban con deleite y pedían que siguiera.

En otras ocasiones, los pasajeros de la guagua se quedaban atónitos y aterrados al pasar por el puente sobre el Tínima y verlo caminando peligrosamente por el parapeto del alto puente, como un acróbata de circo.

A Medardo le encantaban las aventuras y quería explorar toda nueva frontera. Pero en Camagüey, ¡eran tan pocas las novedades! A los veinticuatro años decidió aprender a pilotear un avión. Quería volar. Convenció a un amigo para que lo acompañase, y cada uno se compró una avioneta; un avioncito primitivo de dos pasajeros, con un solo motor y una armadura precaria de madera liviana y tela.

Medardo estaba casado con Geraldina, una hermosa joven de pelo castaño que, todos decían, se parecía a Deanna Durbin, una estrella de Hollywood famosa en aquellos días. Vivían con todos nosotros en la vieja casona de la Quinta Simoni. Y acababan de tener su primer bebé, mi prima Nancy.

Ni Geraldina, ni mi madre, ni mi tía más joven, Lolita, querían que Medardo volase. Mi padre trató de señalarle muchas veces los riesgos que entrañaba volar, y hacía todos los esfuerzos posibles para distraerlo cuando Medardo llegaba cada día de su trabajo para conseguir que no se fuera a volar. Pero nada podía apartar a mi tío de la emoción que sentía mientras volaba, primero detrás del instructor, y al poco tiempo, por sí mismo, elevándose sobre los tejados rojos y los callejones retorcidos que tanto habían restringido su mundo; planeando como las poderosas auras, los buitres cubanos, sobre los campos en los que se alzaban majestuosas las palmas.

Generalmente, en los días de semana, a la hora en que Medardo terminaba el trabajo, ya era muy tarde para ir a volar. Pero los fines de semana no perdía ninguna oportunidad.

Así que, mientras él vivía esperando los fines de semana, el resto de la familia temía los sábados y los domingos. En secreto, sin admitirlo ante nadie, yo también ansiaba que llegara el fin de semana. Para mí, lo que mi tío hacía era maravilloso. Sentía orgullo y alegría de que se enfrentara contra todo, incluida la fuerza de la gravedad que nos ata a la tierra.

Yo nunca había subido a un avión, y pasarían muchos años antes de que volara por primera vez. Lo más cercano a la experiencia de volar que conocía era cuando mi padre me empujaba muy fuerte en el columpio que había atado a una alta rama en un árbol del patio. O cuando, en noches claras, mi padre ponía una manta en la azotea y nos acostábamos a observar las estrellas, hasta que parecía que nosotros también flotábamos en la galaxia. ¡Ah, pero volar de verdad! Me era muy fácil entender por qué Medardo no quería abandonar su sueño.

Mi madre, debatiéndose entre el miedo y el orgullo, había accedido a bordarle el traje de aviador con un par de alas y su monograma, MLS, Medardo Lafuente Salvador. El día había amanecido nublado y oscuro, como si se aproximara una tormenta, y mi madre y mis tías suspiraban aliviadas, pensando que, por lo menos ese día, Medardo no volaría.

Pero en la tarde el tiempo aclaró y Medardo decidió ir a buscar sus alas.

ALAS ROTAS

Mi madre, ocupada en la máquina de coser, seguía discutiendo con él. Necesitaba tener paciencia, le decía, para poderle terminar el complicado bordado en la espalda del traje de aviador. Pero hasta yo podía darme cuenta de que todo era un pretexto para que se quedara en casa. Medardo por fin se impuso y la obligó a darle el traje bordado a medias.

–Lo que quiero es volar –le dijo–. Ya me acabarás el bordado otro día, durante la semana.

Un instante después saltaba a una guagua para hacer el largo recorrido hasta el aeropuerto, que estaba al otro extremo de la ciudad. Yo jugué por un rato, hasta que mi madre me recordó que era hora de ducharme, como todas las tardes. Luego podría salir y sentarme en el portal, o recoger flores para hacer guirnaldas, o esperar a que los niños del barrio aparecieran por el portal a jugar.

Pero esa tarde no habría juegos. Llevaba sólo unos minutos en el baño, toda cubierta de jabón y con el pelo hecho una pirámide de espuma, cuando oí un ruido desconocido. Era como un trueno, pero de voces y pies humanos.

Me subí a la tapa del inodoro para mirar por la ventana del baño. Había cientos de personas corriendo por la calle frente a nuestra casa, en dirección al río. Todos gritaban al mismo tiempo, así que no lograba oír lo que decían. Pero no esperé. Sin enjuagarme ni secarme, me puse el mismo vestido que acababa de quitarme y salí corriendo descalza.

En lugar de ir hacia la calle –me asustaba la multitud– corrí en la misma dirección que ellos, pero por detrás de la casa. Atravesé el patio, crucé los framboyanes y corrí por el jardín que mi bisabuela tanto quería.

Pero entonces ya sabía hacia dónde iban todos y por qué. Corrían en la misma dirección que el avión. Un avión que se hacía más y más grande a medida que se acercaba a la tierra, con un ruido que no era el ronroneo continuo de un motor en funcionamiento, sino las toses y los escupitajos de un motor incapaz de sostener un avión en el aire.

Cuando el avión pasó sobre mi cabeza, pude ver los grandes números y las letras pintadas en las alas. ¡NO era el avión de mi tío! Sin embargo, seguí corriendo con la misma energía, pisoteando los rosales que mi tío abuelo Manuel cultivaba para vender las rosas por las calles de la ciudad, desgarrándome el vestido con las espinas.

Y fui la primera en llegar al avión después del impacto ensordecedor. Me seguía muy de cerca mi padre, que enseguida me tomó en sus brazos y me apartó, pero no antes de que mis ojos se llenaran de la imagen terrible que todavía recuerdo.

Mi padre supo inmediatamente que no había nada que pudiera hacerse por mi tío, cuyo rostro se había incrustado en el panel de controles. Su instinto era protegerme, proteger a mi madre, que estaba ya allí llorando desgarradoramente −¡qué terrible puede ser el dolor, la angustia, el horror!− y a mi tía Lolita, que estaba embarazada y parecía a punto de desmayarse.

Había muchas manos para ayudar a sacar el cuerpo sin vida del avión. A mi tía Geraldina, hasta esa tarde la esposa de mi tío y ahora su viuda, la ayudaron a sentarse en un auto que pasaba y a sostener en sus piernas la cabeza querida, ahora irreconocible.

¡Qué interminable y oscura aquella tarde insoportable! La casa era un hervidero de gente. A algunos los conocíamos,

✦ MI TÍO MEDARDO ✦
MEDARDO LAFUENTE SALVADOR

muchos venían con la buena intención de traernos algún consuelo, pero la mayoría eran simplemente curiosos.

Para muchos en Camagüey éramos una familia poco común. Vivíamos en una vieja casona que, se decía, estaba embrujada, y nos tenían por excéntricos. Mi abuelo Medardo había sido amado y admirado por sus discípulos y respetado en los círculos intelectuales. Pero para la gente común, era un caballero extraño que hablaba como si estuviera recitando poesía y que tenía siempre un libro en la mano. Y contaban bromas sobre él; decían que una vez lo habían visto tan imbuido en un libro mientras caminaba por la acera que, al tropezar con una farola, se había quitado el sombrero, y había dicho: "Usted, disculpe", mientras seguía leyendo.

Una familia excéntrica, sin duda. Mi abuela Lola había sido la primera mujer en la ciudad que se había cortado el pelo, en una melenita a lo paje. Algo inaudito para una señora mayor, con hijos y además directora de escuela. Y mi madre y mis tías no se habían limitado a cortarse el pelo, también se habían acortado las faldas y dejado sus piernas al descubierto, sin medias. Además montaban caballos al pelo, sin montura, y manejaban autos y camiones.

Sí, sin lugar a dudas, éramos distintos. Ni siquiera éramos católicos, en un pueblo donde casi todos lo eran. Y tampoco era porque fuéramos judíos o protestantes. Mis abuelos habían elegido vivir en libertad de pensamiento y espíritu.

Y ahora, para completarlo todo, mi tío se había atrevido a volar en una de esas máquinas voladoras y... ¡se había estrellado!

Nadie nos tenía enemistad. Se nos conocía como una familia bondadosa y generosa. Y aun cuando toda la ayuda se hacía en

ALAS ROTAS

silencio, mucha gente sabía que podía contar con nosotros.

Pero ahora, se les había despertado la curiosidad. Y allí estaba el pueblo entero, para ver, para examinar, para explorar, para indagar, para juzgar... Personas que no conocíamos en lo absoluto se sentían con derecho a entrar a la casa. Ningún espacio les resultaba sagrado, no se respetaba privacidad alguna. Este accidente y el dolor que había desgarrado las fibras de nuestra existencia, se convirtió para ellos en un espectáculo, como un circo.

Mi madre y mis tías lloraban, sollozaban, gritaban, dejaban que su dolor llenase la casa, de la que toda alegría había desaparecido en un instante.

Cinco años antes, mi abuelo Medardo había muerto. Una muerte dolorosa pero aceptada con serenidad, con su esposa y sus hijos rodeando su cama. En su propio cuarto les había dicho adiós con la misma gentileza con la que había vivido. Había pedido tres cucharadas de agua, diciendo: "Para mí, ya es hora".

Dos años más tarde, mi querida abuelita Lola lo había seguido, yéndose para siempre apaciblemente en su sueño. En ambos casos, grandes multitudes habían venido al velorio; y habían esperado frente a la casa para unirse al entierro detrás de la carroza tirada por caballos negros, con grandes penachos de pluma; y la habían seguido a pie hasta el camposanto.

En ambas ocasiones previas, la multitud había sido como las aguas del río cuando subía la corriente poco a poco después de las lluvias de verano. Pero ahora, la multitud era como un huracán: incontrolable, turbulenta, arrastrándolo todo a su paso.

Mi padre y mi tío Manolo, esposo de mi tía Lolita, estaban anonadados. Acababan de perder a su mejor amigo. Se sentían deshechos por el sentido de culpa, por no haber sabido cómo

◆ MIS TÍOS MEDARDO Y GERALDINA ◆

prevenir un desastre que todos habían temido. Centraron toda su atención en sus esposas. Mi padre, se preocupaba además por mi hermanita Flor, que todavía lactaba, asustado de que a mi madre se le secara la leche. En una época en que la leche de fórmula para bebés no era común, se consideraba desastroso que a una madre se le secara la leche. Mi tío Manolo se preocupaba por su esposa, mi tía Lolita, que estaba embarazada. Y ninguno de los dos sabía qué hacer con Geraldina, la joven viuda, que alternaba entre crisis del mayor dolor y momentos en que se ponía rígida y pálida como si a ella también la hubiera abandonado la vida.

Por toda la casa la gente trataba de explicar el accidente en los términos más fantasiosos. La verdad, que supe más tarde, es que debido a que mi tío Medardo se había demorado mucho en el autobús, su amigo había decidido adelantarse y volar solo. Pero cuando trató de arrancar su avión se encontró conque su avión no arrancaba. Convencido de que mi tío no volaría esa tarde, se llevó su avión. Cuando Medardo llegó al aeropuerto, su avión no estaba. Creyendo que era una broma, decidió coger el avión de su amigo. Esta vez el avión arrancó muy bien, pero una vez en el aire empezó a fallar.

¿Por qué eligió la rosaleda al lado de nuestra casa para su aterrizaje de emergencia? Algunos decían que se estaba luciendo, que quería impresionar a su esposa. Lo más probable es que estuviera tratando de no caer sobre el pueblo y librarlo así de una desgracia mayor. Conocía bien el campo. Y, sí, es posible que en momentos de gran desesperación, quizá uno trata de acercase a su casa.

Para mí, todas esas especulaciones eran inútiles y dolorosas. ¿Qué importaba en realidad? Lo inimaginable había ocurrido. Y mi dolor se veía aumentado por mi propio secreto intolerable. Todavía podía oír a mi madre y mis tías repetir una y otra vez, entre sus llantos y sollozos: "No queríamos que fuera..." "Hicimos todo lo posible por disuadirlo..." "Tratamos de que dejara de volar..." Pero sólo yo sabía que yo no quería que dejara de volar. Esa misma tarde me había regocijado en secreto cuando lo vi tan decidido, pasando por encima de la opinión de todos para irse a volar en su avión.

No había consuelo posible. Me sentía culpable, como si yo hubiera sido quien lo hubiera enviado a la muerte. Por supuesto, nunca pensé que volar era tan peligroso como todos parecían pensar. Pero ¿por qué no lo había visto? ¿Cómo pude haber querido que volara cuando iba a causar tanto dolor?

Lo que hice entonces es algo que he mantenido en secreto por muchos años. Lo cuento ahora porque compartir las penas ocultas, los pensamientos que a veces creemos que son vergonzosos, es un modo de sanar las heridas. Estoy contándolo a pesar del dolor que me causa, porque al oír las historias unos de otros, a menudo empezamos a comprendernos mejor y a sentirnos menos solos.

Confundida por mis sentimientos de culpa, corrí a mi cuarto. Un cuarto ahora invadido por extraños, y cogí a Heidi, mi muñeca querida.

Esta muñeca era mi amiga más fiel. Dormía conmigo, me acompañaba, oía todos mis pensamientos y mis sueños. La llevaba conmigo siempre, compartiendo con ella cada momento, como lo hacen las mejores amigas.

Corrí con la muñeca en brazos al fondo de la casa. Conocía bien el banco de carpintero de mi padre y no fue difícil encontrar

ALAS ROTAS

un martillo. En el patio grande, agachada detrás del brocal del aljibe, el sótano en que se recogía el agua de la lluvia durante la época colonial, coloqué a Heidi sobre el piso de losetas y le destrocé la cabeza con el martillo, rompiendo la frente que había besado tantas veces, igual que el panel de controles había roto el cráneo de mi tío.

Escondí los trozos de la muñeca entre los arbustos, y cubrí su cuerpecito de lágrimas y pétalos. Luego me senté junto a una de las columnas del patio y lloré hasta quedarme dormida.

No sé quién me encontró esa noche, ni cuándo ni cómo me llevaron a la ciudad. Al día siguiente me encontré en la casa de mi abuelo Modesto, vagando sin rumbo por el traspatio.

Me había olvidado de todo lo sucedido el día anterior, pero necesitaba ir a mi casa. Y no me fue difícil persuadir a mi tío Mario, a quien habían dejado encargado de cuidarme, de que me llevara.

Pero llegar a la casa fue una pesadilla. Todas las guaguas estaban repletas de personas que iban todas en una misma dirección. Nuestro pueblo adormecido donde nunca pasaba nada, se había sacudido con lo que parecía ser el evento más sorprendente desde la Guerra de Independencia. Cuando por fin llegamos, la casa estaba tan llena que sólo pude entrar gateando entre las piernas de la gente. Todo el horror del día anterior se había magnificado.

Me detuve frente a la puerta del cuarto donde yacía el cuerpo de mi tío. Allí estaban mis dos primos mayores, Jorge y Virginita. Acababan de llegar de La Habana con su madre, Virginia, la mayor de mis tías. Mi tía Virginia se había unido a sus hermanas, al lado del cadáver, mientras que a mis dos primos no los habían dejado entrar al cuarto donde nuestras madres lloraban desconsoladamente.

✦ LA CARROZA LISTA PARA LLEVAR A MEDARDO AL CEMENTERIO ✦

Los así firmemente de la mano, temblando de dolor y de miedo, y sudando por los esfuerzos para abrirme paso entre tanta gente para llegar a mi propia casa. Los llevé en silencio y ellos me siguieron, con la solidaridad de nuestro cariño y de nuestro mutuo dolor. Una vez afuera, saqué mi muñeca querida de debajo de las hojas y pétalos con las que la había cubierto la noche anterior. Me senté en la hierba a mecer a la muñeca una última vez. Virginita me rodeó los hombros con su brazo y Jorge encontró una pala con la cual cavar una pequeña fosa. Aceptaron la muñeca rota como habían aceptado la muerte de nuestro tío, sin una pregunta.

Envolvimos el cuerpecito en una funda de almohada. Virginita cubrió el fondo de la fosa con flores y Jorge colocó adentro la muñeca. Virginita y yo recogimos jazmines, claveles y alguna rosa de los canteros del patio. Jorge siguió llenando la tumba con tierra hasta que ya no hubo más señal de Heidi, ahora para siempre perdida, reducida a memoria, como nuestro tío.

La suavidad de ella y la fuerza de él, la pequeñez de ella y la altura de él, la silenciosa aceptación con que ella recibía mis besos y la risa contagiosa mientras él me levantaba en el aire, la quieta compañía de ella y el ánimo juguetón de él, todo había desaparecido. Nunca más tendría a Heidi en mi regazo, mientras leía un libro bajo los framboyanes, ni viajaría a caballo, en los hombros de mi tío, tan alto que podía arrancar las flores de los gajos frondosos. Y aun todavía hoy, qué vivos en mi memoria ambos, mi dulce muñeca sacrificada por una niña adolorida y mi valiente tío, invitándome cada mañana a la aventura desconocida de un nuevo día. ❧

✦ ALMA FLOR ADA ✦
A LOS 10 AÑOS DE EDAD

NAVIDADES PARA TODOS

Hasta que cumplí ocho años, mi madre trabajaba como contador para varios negocios pequeños. Visitaba cada tienda, recogía los libros de contabilidad y los sobres voluminosos llenos de recibos, y los traía a casa. Allí se pasaba muchas horas del día copiando minuciosamente cifras en los libracos con sus números parejos y precisos, y sumando largas columnas de números. Luego devolvía los gruesos libros y sobres, y recogía los del próximo cliente.

Mi madre vivía muy orgullosa de su profesión. Había terminado sus estudios después de nacer yo, yendo a clases por la noche. Se sentía orgullosa de ser una de las primeras mujeres con el título de contador público en Cuba.

Después del nacimiento de mi hermana Flor, mi madre decidió que quería tener su propio negocio. Alquiló un garaje de una tienda de reparación de máquinas de escribir en la

Calle Avellaneda y abrió una quincalla. Allí vendía botones y encaje, tijeras e hilo, agujas y estambre, así como papel, lápices, borradores y plumas. Los compradores tenían sus horas preferidas. Las mujeres pasaban en la mañana, camino al mercado. Los estudiantes a media tarde, al salir de la escuela. Algunas mujeres jóvenes pasaban al atardecer, camino de sus clases nocturnas. No importaba quién entrase, mi madre siempre tenía una palabra de sabiduría o de ánimo para ellos, o una broma con la que hacerlos reír. Me sospecho que a veces los clientes entraban a la tiendecita más en busca de las palabras de mi madre que las pequeñeces que compraban, especialmente las muchachas que compraban una libreta o un lápiz, pero también le pedían a mi madre que les revisara la tarea o les explicara un problema de matemáticas difícil.

En las horas tranquilas del mediodía, mi madre seguía haciendo su trabajo de contador, apoyada en el mostrador, mientras esperaba que apareciera algún cliente, una mujer que curiosearía en los encajes, una sirvienta apresurada que necesitaba una cremallera o un niño que quería comprar un pomo de goma para hacer un papalote.

Mi hermanita Flor pasaba el tiempo en una gran caja de cartón que hacía de corralito y yo terminaba las tareas de la escuela sentada en el piso de ladrillos, agradecida de su frescor en el calor de la tarde.

Un día mi madre sorprendió a todos en la casa: a mi padre, a su hermana menor, Lolita, y al esposo de Lolita, Manolo, a quien yo llamaba Tío Tony para diferenciarlo del hermano de mi padre, que también se llamaba Manolo.

Había habido muchas conversaciones sobre lo difícil que resultaba que las dos parejas jóvenes que quedaban pudieran man-

NAVIDADES PARA TODOS

tener la Quinta Simoni. En unos pocos años habían muerto mis dos abuelos y mi tío Medardo. Mis dos tías mayores, Virginia y Mireya, se habían ido a trabajar a La Habana. Y era costoso mantener una casona tan grande. Pero mi madre tuvo una idea que fue toda una sorpresa. Sugirió que las dos parejas podían comprar una vieja joyería que estaba a la venta en el centro de la ciudad.

No tomó mucho el convencer a los demás. Era una oportunidad de tener un negocio y vivir en el mismo lugar. Eso ayudaría a aliviar la situación económica. Además, me sospecho que la vetusta Quinta Simoni les recordaba demasiado cuánto extrañaban a los que ya no vivían con nosotros.

Así que poco después nos mudamos a la Calle República, a la casa detrás de la joyería El Sol, a unas cuadras de la pequeña quincalla, que había sido la primera aventura comercial de mi madre.

Para mí era una época muy difícil. Yo amaba la Quinta Simoni, donde había nacido. Amaba sus grandes cuartos de altos techos, y la azotea, donde mi padre y yo podíamos echarnos a observar el cielo mientras él me contaba historias de las constelaciones. Me encantaban las palomas y los curieles, los conejillos de indias, que criaba mi tía Lolita. Y amaba sobre todo a mis amigos, los framboyanes, de raíces retorcidas en las que me sentaba como en el regazo de un abuelo.

Comprendo que quizá la casona entristecía a los adultos, después de la muerte de mi abuelo Medardo, mi abuelita Lola, y mi tío Medardito. Pero para mí, ellos vivían. Sentía su presencia en los corredores, en el portal, en el patio. Y durante

BAJO LAS PALMAS REALES

los cuatro años que viví en la ciudad, suspiraba por volver a vivir entre los árboles.

Los únicos buenos momentos en la ciudad, para mí al menos, eran las fiestas de San Juan en junio, el carnaval camagüeyano, y por supuesto las Navidades.

Tan pronto compraron la vieja joyería El Sol, mi familia empezó a hacerle cambios. Mi padre, siempre listo a aprender algo nuevo, aprendió a arreglar relojes. Mi madre, amante de innovaciones, hizo que remodelaran el frente de la tienda con grandes vidrieras. También empezó a vender mercancía mucho más variada.

Las joyas y los relojes de bolsillo quedaron relegados a algunos mostradores especiales. Los otros estaban llenos de objetos de porcelana y cristal. Durante las primeras Navidades, mi madre trajo juguetes y figuras de nacimiento.

En Cuba había la tradición, común a España e Hispanoamérica, de poner un nacimiento en la casa durante el mes de diciembre. Era una tradición que compartían pobres y ricos por igual, aunque la elaboración del nacimiento variara mucho de casa en casa. Más que el nivel socioeconómico de la familia, lo que determinaba la riqueza y complejidad del nacimiento era el deseo de la familia de hacer un esfuerzo, de dedicarle espacio al nacimiento, y de ser creativos.

Las montañas que servían de fondo podían hacerse con cajas de cartón cubiertas con papel de estraza. La arena del desierto había sido recogida en un viaje a la playa. Los campos verdes se conseguían poniendo a retoñar trigo o maíz en latitas o frascos. Un trozo de espejo roto servía para crear un lago. Las figuras del nacimiento, los pastores y sus ovejas, los

◆ MI PADRE ◆
MODESTO ARTURO ADA REY

Tres Reyes Magos, María, José y Jesús, el burro y la vaca, generalmente se compraban en una tienda.

Mi madre importaba algunas figuras de España. Eran muy hermosas, hechas de cerámica y colocadas en fondos tallados en corcho que reproducían con todo detalle los ambientes. Nos encantaba desempaquetarlas, quitando con cuidado las capas y capas de paja para descubrir los detalles de una cocina con una mujer junto al fuego, una madre amamantando a su bebé, una joven hilando lana. Cada una era una pieza única, hecha a mano. pero estas figuras eran muy caras y muy pocas personas podían comprarlas.

Mi madre se dedicó a buscar otras fuentes. En La Habana descubrió a un artista italiano que producía hermosas figuras de cerámica. Todavía recuerdo su nombre, Quirico Benigni, porque fue la primera persona italiana que conocí. Sus figuras eran hermosas, pero como las producía con moldes, no individualmente, eran más asequibles de precio.

Aun así, muchas de las personas que entraban a la tienda y miraban las figuritas, sonreían pero las devolvían a los estantes al ver su precio. Y algunas personas ni siquiera se atrevían a entrar a la tienda, sólo miraban desde la calle a través de las vidrieras.

Entonces mi padre decidió entrar en acción. Aunque no éramos católicos, él entendía la satisfacción que la gente sentía creando los nacimientos. Lo consideraba un proyecto creativo, en el cual podían participar todos los miembros de la familia, desde los niños hasta los ancianos. Y decidió que nosotros también podíamos tener un proyecto familiar, un proyecto que hiciera que todos pudieran tener acceso a las figuritas de nacimiento.

NAVIDADES PARA TODOS

Primero, consiguió que mi tía Lolita pusiera su talento artístico en favor del proyecto, y que modelara en arcilla las principales figuras: María, José, el Niño, los Tres Reyes Magos, el burro y la vaca. Estas figuras servirían de modelo. Luego, construyó una serie de cajas de madera, con bisagras, un poco más grandes que la figuras que iban a servir de modelo. Llenó la mitad de cada caja con yeso. Antes de que el yeso fraguase del todo, colocó en cada caja uno de los modelos de arcilla, bien cubierto de grasa, acostado y sumergido en el yeso exactamente hasta la mitad.

Una vez que el yeso fraguaba, mi padre removía el modelo de arcilla, que había dejado su impresión en el yeso. Luego repetía el proceso con el otro lado de la caja, sumergiendo la otra mitad del modelo.

Por medio de este procedimiento tan simple, creó una serie de moldes. Ahora podíamos engrasar el interior de las dos partes de cada molde, cerrar las cajas y asegurarlas y echar yeso líquido a través de un hoyo en la parte inferior de la caja, justo donde correspondería la base de la figura.

Mi padre hizo muchas pruebas hasta que logró determinar cuánto tiempo necesitaba el yeso para fraguar en los moldes. Y entonces pudo iniciar la producción. Varias veces al día abría sus moldes y sacaba las figuritas blancas, que colocaba sobre la tapia del patio para que se secaran.

Y cada noche, después que las pequeñas, mi hermanita Flor y mi primita Mireyita, se habían dormido, la familia se reunía a trabajar en las figuras.

Mi obligación era raspar con un cuchillo el exceso de yeso que se formaba alrededor de las figuras, allí donde los bordes de las dos mitades de unían. Mi madre les daba entonces una primera mano de pintura que tornaba en azul el manto de María, en rojo y verde los mantos de Melchor y Baltasar, y en color café la pelliza del pastor.

Para finalizarlas, mi tía Lolita les pintaba los rostros con pinceles finos. Al final, todo el yeso quedaba cubierto de color y las figuritas se volvían personajes reconocibles.

Mi tío Manolo, tío Tony, preparaba el yeso, limpiaba los moldes, y más que nada nos entretenía a todos con sus cuentos y chistes inagotables.

Al día siguiente, algunas manos humildes cambiaban con gusto algunos centavos por una de las figuritas, que habíamos colocado en una mesa junto a la puerta de la tienda. Y se la llevaban para enriquecer su nacimiento.

Los centavos apenas si cubrían el valor de los materiales, y muchísimo menos el tiempo de mis padres y mi tía. Y, la verdad sea dicha, las figuras no eran ni muy artísticas, ni demasiado bonitas. Pero las veíamos irse con la esperanza de que le trajeran a otros la misma alegría que habíamos compartido nosotros mientras trabajábamos juntos hasta entrada la noche, creyendo que ésta era la esencia de la Navidad: una celebración en la cual todos pueden participar y encontrar un modo de expresar su amor por los demás. ⤛

GILDA

La escuela se me volvió agradable por primera vez al comienzo del cuarto grado, gracias a mi maestra, Gladys Carnero. Gentil, cariñosa e interesante, su entusiasmo por enseñar nos hacía a todos querer aprender.

Cuando a la mitad del curso se mudó a La Habana, me sentí perdida. Luego me enfermé. Primero, era un resfriado detrás de otro; luego, el sarampión; por último, paperas. Mis extraordinarios padres se dieron cuenta de que algo de fondo pasaba. El Colegio Episcopal al que había estado asistiendo se me hacía intolerable si Gladys Carnero ya no estaba. Así que mis padres decidieron enviarme a otro colegio.

Aunque este cambio hubiera sido una gran cosa al principio del año escolar, esta transferencia a mitad de curso se convirtió en otro tipo de pesadilla. Llegaba como una alumna nueva a mitad del curso a una clase donde todos los niños se conocían desde primer grado. Para hacerlo más difícil para mí, en esta nueva escuela, el

✦ CON MI VIOLÍN ✦
A LOS 9 AÑOS DE EDAD

Colegio El Porvenir, los alumnos se sentaban según su rendimiento en clase. Los que tenían las mejores notas se sentaban adelante; los que tenían las peores notas se sentaban atrás. Como yo no tenía notas de ningún tipo, me sentaron al final.

En la última fila estaba rodeada más que nada por chicos, que eran en general los mas altos en la clase. Yo, que era un año menor que todos ellos, era la más bajita. Además, nadie había descubierto todavía que necesitaba anteojos. No veía nada en la pizarra.

Y lo peor de todo es que las dos escuelas anteriores eran escuelas estadounidenses. Aunque estaban en Cuba, los directores, muchos de los maestros y el sistema de enseñar venían de Estados Unidos. Allí enseñaban las matemáticas, en particular la división, en forma muy distinta a la de las escuela cubanas. Así que aunque lograba llegar a la respuesta adecuada, no sabía explicar cómo lo había hecho. ¡Qué perdida estaba!

Esos primeros meses en el Colegio El Porvenir no fueron fáciles. No podía encontrar ninguna razón para estar allí. La maestra escribía una oración en la pizarra y teníamos que analizarla, identificando el sujeto y el predicado, los complementos directo e indirecto. Teníamos que decir cuál era el tiempo verbal: pretérito perfecto, pretérito anterior, pluscuamperfecto. Yo me preguntaba "¿De qué sirve todo esto? ¿Cómo es posible que todo el mundo lo entienda menos yo?"

Trataba de esconderme detrás de los estudiantes que se sentaban delante de mí. Pero mi estratagema sólo parecía servir para que la maestra me hiciera preguntas aún más difíciles. "Indicativo", "subjuntivo" e "imperativo" me sonaban igualmente horribles. Yo amaba palabras como "céfiro" y "cenit", "néctar" y "ambrosía", "amistad" y "lealtad". Pero las palabras "preposición", "conjunción" y "subordinada" me sonaban casi tan feo como "sulfuro" y "odio".

BAJO LAS PALMAS REALES

Como mis padres habían sido tan comprensivos, no quería decirles cuán infeliz me sentía. Hubo una sola cosa que me permitió sobrevivir en esa escuela horrible con su patio de cemento sin un solo árbol, una escuela sin canciones, sin dibujos, sin cuentos, sin amigos.

Un mediodía camino de la escuela, en una calle por la que me había desviado un par de cuadras para retrasar mi llegada a la clase, una inesperada ráfaga de música me saludó, una música que se escapaba por la parte superior de una alta ventana de balaustres de madera.

En puntas de pie, agarrada de los balaustres, me asomé a la vieja casa colonial desde donde se derramaba un vals hacia la calle.

Adentro, un gran espejo reflejaba a una docena de niñitas, vestidas con leotardos rosados y zapatillas negras, que practicaban en la barra. Al piano, una señora mayor tocaba un vals inacabable. Al frente de la clase, estaba, muy derecha, sujetando un bastón alto, una joven rubia, tan pálida que su piel era casi transparente. Tenía unos ojos increíbles, ojos que lo miraban todo: a las niñas, a la señora del piano y a toda la habitación, incluido el rincón del fondo donde un grupo de damas elegantes se mecían en balances de caoba, refrescándose con sus adormilados abanicos de seda.

A partir de aquel día, la escuela se me fue haciendo soportable, pero sólo porque en cuanto sonaba la anhelada campana, yo corría a colgarme de la ventana de la escuela de ballet, imaginándome en zapatillas, cambiando posiciones: segunda, tercera, cuarta, haciendo *jeté* o *plié*.

Una tarde, la pálida maestra desapareció de mi vista, y antes de que me diera cuenta de lo que estaba ocurriendo, estaba en la acera, a mi lado.

62

–¿Quieres aprender ballet? ¿Cómo te llamas?

Su voz era tan suave como su mirada.

–Ven –me dijo–. Pasa.

Una vez que supo quien era, llamó a mi madre y le ofreció aceptarme en su clase. Mi vida cambió por completo, no sólo después de la escuela, sino en la propia escuela también. Ya nunca más me molestaron las preposiciones ni las conjunciones, ni el no poder recordar cuánto es siete por ocho. Ni me importaba ya sentarme en el fondo de la clase, aunque poco a poco, sin darme cuenta cómo, terminé en las filas intermedias e incluso en la primera fila.

Vivía sólo para el momento en que sonara la campana y yo pudiera correr a las clases de ballet. Y no es porque lo hiciera muy bien allí. La maestra me puso al final de la fila y allí me quedé mientras duraron las clases. A pesar de mi amor por la música y la belleza de los movimientos, era como si tuviera tres pies o como si el lado izquierdo y el lado derecho de mis pies hubieran cambiado de lugar. Pero, a pesar de mis pobres esfuerzos, tan faltos de gracia, ¡qué maravilloso estar allí!

No importaba cuántos errores cometiera, Gilda, la maestra, nunca me criticó ni me ridiculizó. Aunque a veces la vi impaciente, era sólo cuando alguien que tenía la capacidad de hacerlo mejor no estaba prestando atención. Conmigo tuvo siempre la misma ternura que demostraba con las más chiquitinas, mirándome con una mirada dulcemente cómplice, como para decirme: "Tú sabes que yo sé que no puedes bailar, pero como anhelas estar aquí, te recibo con gusto".

Una tarde, cuando la música se quedó silente, pegada a las paredes, y cuando la última aprendiz de bailarina atravesó el dintel con sus zapatillas colgadas del hombro, Gilda me invitó a quedarme. Y así comenzó una hermosa amistad que ambas atesoramos.

Desde esa tarde, cada día, al final de clase, nos íbamos a la saleta, el lugar más fresco de la casa. La saleta se abría al patio, donde los tinajones rebosaban de agua fresca y la fragancia de los jazmines dulcificaba el aire. Gilda me mostraba sus álbumes, donde, protegidos por papel de seda, reposaban las fotos, los programas, los artículos de periódico en ruso, en francés, en italiano, que cobraban vida a medida que sus ojos se encendían hablando de ellos. Había estudiado en Viena, en Munich, en Ámsterdam, en París, en Roma.

Estos nombres evocaban mundos que yo apenas podía imaginar desde la insignificante ciudad de Camagüey. Pero si bien me fascinaban las historias de los ballets y las fiestas, de los triunfos y los viajes, mucho más me fascinaba Gilda, la energía que se concentraba en ese cuerpo tan frágil y delicado. Y sentía como si hubiera por fin conocido una de las diosas o de las musas de las que siempre hablaba mi abuela.

Al final de curso tuvimos un recital en el Teatro Principal, un impresionante edificio colonial, que había quedado reducido a sala de cine por la mayor parte, pero que tenía un verdadero escenario. Gilda me invitó a visitar el teatro con ella antes de la función. Era la primera vez que estaba detrás de bastidores en un verdadero teatro. Mientras me contaba historias de todos los teatros en los que había bailado, mi vista vagaba por las altas tramoyas. ¡Qué mundo fascinante detrás de los telones!

Verla bailar en escena fue toda una revelación. Al final de la sencilla presentación de sus alumnas, el maestro de ceremonias anunció un número que no aparecía en el programa impreso. Gilda interpretaría el Pájaro de Fuego de Stravinsky. Yo la había conocido siempre dulce y melancólica, llena de sueños, romántica. Ahora, transformada en la música que llenaba el escenario, la Gilda que conocía

GILDA

desapareció reencarnada en fuerza apasionada, en determinación vibrante. Pero el hermoso baile quedó trunco, porque como flor que se quiebra por una ráfaga súbita, Gilda se desmayó en el escenario.

Alguien llamó una ambulancia y yo la vi por última vez, un pájaro herido, el brillante vestido de lamé amarillo como una llama mortecina sobre la camilla blanca.

Luego empezaron los rumores. Que tenía cáncer, la enfermedad horrible que nadie se atrevía a mencionar en voz alta. Como había llegado el verano, no tenía que ir a la escuela, pero recorrí muchas veces el camino tan bien conocido, para detenerme frente a la casona colonial, ahora siempre cerrada y muda.

Cuando no deambulaba por las calles, me quedaba en la joyería, la tienda que mis padres habían comprado cuando nos mudamos a la ciudad. Allí oía las conversaciones entre los clientes y las dependientas. Y allí oí que Gilda se había casado. Pero todos los comentarios que hacían sobre la boda estaban llenos de sarcasmo. "¡Casarse con Mr. Charles, que le debe llevar cuarenta años!" "¡Qué vergüenza!" "¡Qué absurdo!" Y estos ataques verbales iban acompañados de expresiones y gestos de disgusto.

En nuestro pueblo nunca había mucho de qué hablar, así que las novedades se discutían una y otra vez. Cada vez que alguien volvía a hacer un comentario sobre la boda de Gilda, me iba a la casa que estaba detrás de la tienda. Se me hacía muy difícil reconciliar su matrimonio con el profesor de francés −un hombre mayor que la visitaba de vez en cuando y a quien ella trataba como a un padre− con la nostalgia romántica con la que me hablaba de los ballets en los que había bailado. Por otra parte, no estaba dispuesta a aceptar que alguien tuviera el derecho a criticar lo que no comprendía. Y en lo más profundo, me sentía abandonada.

Deseaba ver a Gilda, pero no sabía cómo lograrlo.

Muy pronto, todos sabían que estaba de nuevo muy enferma, que se moría, que sólo viviría unos días más. Una mañana oí a mi madre decirle a una amiga que no sabía cómo darme las malas noticias. Me pasé todo el día escondida, bajo el árbol de guanábana, para que nadie tratara de decirme lo que ya sabía.

Esa tarde mis padres salieron. Yo me tiré sobre la cama, fingiendo que leía un libro, sin poder llorar por algo que me parecía tan distante e irreal, pero también incapaz de sentir, de pensar.

Coralia, que había sido la vieja niñera de mi madre y todavía nos ayudaba en la casa, vino a decirme que me buscaba un caballero. A los diez años de edad, no acostumbraba a recibir caballeros. Pero en ese día extraño, todo era posible. Tímido, inseguro de cómo dirigirse a mí, con la cabeza canosa caída sobre el pecho, Mr. Charles sostenía el sombrero en las manos.

—¿Eres Almita Flor? ¿Me conoces? Nos hemos visto en su casa, ¿verdad?

Aquellas palabras, "su casa", tan llenas de amor en su voz, tan llenas de ternura en mi memoria, me impedían contestar nada. Así que asentí con la cabeza.

—Me pidió que te trajera esto —me dijo. Comprendí que le era tan imposible pronunciar el nombre amado, como a mí decir algo. Y sacó de detrás del sombrero una fotografía. Gilda vestida de pájaro de fuego. Y me la ofreció.

—No quería que la vieras cuando estaba tan enferma —me explicó pacientemente—. Quería que la recordaras como la conociste...

Y luego se inclinó y me abrazó. Y abrazados, lloramos juntos, el anciano y la niña, por el vuelo roto del pájaro gentil, que ambos habíamos amado, en forma tan distinta y a la vez tan profunda. ❧

MADAME MARIE

—Atraerá clientes —oí a mi madre decirle a mi padre—. Y no ocupará demasiado espacio. Pero, sobre todo, me gustaría ayudarla, ¡después de todo lo que ha pasado!

—Por supuesto —contestó mi padre—. Invítala a exhibir todo lo que tenga para vender. ¡Pobre mujer!

Al día siguiente, al regresar de la escuela, vi en la vieja joyería a la señora francesa. Me fue difícil imaginar que la persona de la cual habían estado hablando mis padres fuera esta mujer alta, de rostro tan hermoso y cabello flameante. Se movía con gracia y elegancia detrás de un mostrador lleno de manteles doblados.

Muy pronto sus dos hijos empezaron a ir a la escuela. Estábamos acostumbrados a que gente de Camagüey se mudara para La Habana. Los que se mudaban a Camagüey venían del campo, de pueblos más pequeños. Que Jacques, el hijo que pronto se volvió mi compañero de estudios, viniera de Francia, era realmente una novedad. Todos los chicos querían hablar con él, enterarse de cosas del lugar de donde venía. Pero todo lo que encontraron fue silencio. A Jacques sólo le interesaba estudiar, mejorar su español y hacer meticulosamente cada ejercicio.

Muy pronto, el interés de los chicos se volvió antagonismo. Y Jacques se volvió el blanco de todo tipo de bromas. Nosotras, las chicas, mirábamos desde lejos; algunas, sintiéndonos avergonzadas; otras, celebrando las bromas, para conquistar una sonrisa o una mirada de aprobación de parte de un chico.

Poco a poco, fui oyendo en casa la historia, reconstruyéndola como un rompecabezas, con una frase de aquí y un comentario de allá.

Madame Marie, como todos la llamaban, era francesa. Justo antes de que comenzara la Segunda Guerra Mundial había conocido a Felipe, un joven camagüeyano que había ido a estudiar ingeniería a París. Se casaron muy poco después. Y cuando les nacieron dos niños, decidieron quedarse en Francia. Se mudaron al pueblo donde vivía la familia de ella. Le alquilaron una amplia casa a uno de los tíos de Marie. La casa estaba rodeada de huerto, y Marie sembró hortalizas y una variedad de flores.

Como estaban en el campo, el inicio de la guerra no los preocupó demasiado; pero cuando los nazis ocuparon Francia, se aterrorizaron. La hermosa Marie, de ojos verdes y cabellera de llamarada, era judía. Su padre había sido católico; pero su madre, Judith, era judía, y por lo tanto Marie también lo era. Y los nazis estaban persiguiendo a los judíos y enviándolos a campos de concentración.

Felipe concibió un plan. Les dijo a todos los vecinos y parientes que enviaría a su esposa y a sus hijos a Cuba hasta que terminara la guerra. Cargaron el auto de maletas y, después de despedirse de todo el mundo, se marcharon a pleno día a la ciudad cercana. Pero en verdad, Marie y los niños pasaron el día escondidos en el bosque. Esa noche, protegidos por la oscuridad, regresaron a la casa por los campos.

Felipe los escondió en un clóset y cubrió la puerta con un pesado armario. Allí se esconderían durante el día, en caso de que los nazis vinieran a inspeccionar la finca. Por la noche, Felipe movería el armario y podrían salir y caminar por la casa oscura.

Pero pasado algún tiempo, el tío de Marie, el dueño de la finca, le exigió a Felipe que alojara a otra familia en la casa. Aunque era el hermano del padre de Marie, nunca había querido a Judith, ni había aceptado nunca que su hermano se hubiera casado con una judía.

El tío estaba convencido de que los franceses debían colaborar con los nazis, para evitar que los nazis castigaran a los franceses. Felipe sabía que no podía confiarle su secreto ni a él ni a las personas que había traído para compartir la casa.

Luego, la situación empeoró. Con esta nueva familia en la casa, Felipe no podía abrir el clóset diariamente. Afortunadamente, el clóset estaba en su propio dormitorio, pero no podía mover el pesado armario sin hacer ruido. Así que sólo se atrevía a moverlo cuando no había nadie en la casa, y no por mucho tiempo.

En algunas ocasiones, Marie y los dos chicos estuvieron en el clóset por días y hasta por semanas, atreviéndose sólo a abrir la ventana que Felipe había hecho al fondo del armario, para pasarles comida y sacar los desperdicios.

Durante todo ese tiempo, Marie les enseñaba a sus hijos todo lo que podía. Les hablaba del campo y de todo lo que ella había aprendido de niña sobre sembrar y cosechar. Les contaba la historia de Francia y la historia del pueblo judío. Les cantaba muy quedo canciones de cuna, rimas y las canciones de amor que había aprendido en la radio, y les tarareaba la música que había bailado con Felipe. Y cuando ya les había cantado todas aquellas canciones una y otra vez, inventaba otras nuevas: canciones de paz, de un mundo sin violencia, un mundo de niños libres y felices, donde la gente se ayudara y se amara.

Todos los días, cuando yo llegaba de la escuela, Madame Marie me ponía gotitas de perfume detrás de la oreja y me apretaba el hombro, animándome a que me pusiera a practicar el violín. "*Ma petite, ma petite*, la música es una gran amiga", me decía con su voz acariciante. No sé si llegó alguna vez a darse cuenta de que yo la miraba llena de admiración mientras ella, con una suave sonrisa en los labios cerrados, ponía en orden, una y otra vez, sus manteles, servilletas y pañuelitos bordados en un rincón de la tienda de mi madre. ✦

EL MISTERIO DE MI TÍO MANOLO

El hermano mayor de mi padre, mi tío Manolo Ada Rey, era como una sombra en los primeros años de mi infancia. Vivía en La Habana, adonde había ido a estudiar medicina. Allí se había casado y había iniciado su práctica. Aunque íbamos a La Habana dos veces al año, siempre nos quedábamos con la hermana de mi madre, mi tía Lolita y sólo veíamos a mi tío Manolo en una visita, que me parecía muy formal. A menudo, cuando la gente hablaba de mi tío, la conversación parecía estar llena de largos y difíciles silencios.

En contraste con las casas de todas las demás personas de la familia, la casa de mi tío Manolo me parecía sombría. Estaba en La Habana Vieja, la parte más antigua de la ciudad. Puerta y ventanas estaban siempre cerradas para mantener alejados el ruido y la polución de la calle. Como Manolo y su esposa no tenían hijos, ni animales ni plantas, y la casa misma era vieja y húmeda, el visitarlos no hubiera tenido ningún atractivo para mí, salvo por el gran cariño que veía reflejado detrás de los espejuelos de mi tío y el incuestionable placer que mi padre sentía al verlo.

No recuerdo haber tenido nunca durante esos años una conversación con mi tío. Tan pronto como llegábamos de visita, nos ponían a mi hermanita y a mí en manos de mi tía y de su madre. Mi tía Isabel era enfermera, una mujer delgada y nerviosa, que tan pronto nos veía exclamaba: "¡Pobrecito!" "¡Pobrecita!", sugiriendo que habíamos tenido un viaje largo y penoso. Luego sentaba a mi hermanita en sus piernas diciendo: "¡Qué bonita, pobrecita!", como si ser bonita fuera algo por lo que hubiera que sentirse triste.

Su madre era una campesina del norte de España. Una mujer gruesa y bondadosa, con una triste sonrisa y ojos llorosos, que nos traía leche y galletitas, y más galleticas y más leche, como si el alimentarnos fuera su único modo de expresar cariño.

A mí, ambas me intimidaban un poco. Y hubiera preferido que me hicieran preguntas, como los demás adultos, en lugar de seguir dándome leche y galleticas.

Entretanto, mi madre y mi padre conversaban con mi tío de cosas que me parecían fascinantes. El tópico parecía ser siempre la política y yo trataba de escuchar, aunque apenas podía oír las palabras entre los suspiros de mi tía y de su madre, que exclamaban por centésima vez que las trenzas me habían crecido muchísimo desde el año anterior.

No sé por qué pensaba que las conversaciones con mi tío eran tan importantes. De hecho, parecían serlo para mi padre, que siempre se iba animadísimo después de estas visitas. Y yo

◆ MI TÍO MANOLO ◆
EL HERMANO MAYOR DE MI PADRE

siempre me preguntaba por qué pasábamos tanto tiempo con la familia de mi madre y tan poco con la de mi padre.

Más sorprendente aún para mí era que mi madre y sus hermanas, al hablar de mi tío Manolo, tan serio, tan digno, con sus espejuelos de marco de carey, lo hacían con el mismo tono que usaba mi tía Isabel cuando nos llamaba a mi hermana y a mí "¡pobrecitas!".

–Nunca viajan a ninguna parte –comentaban mis tías, con la seguridad de quienes habían visitado la Florida y Nueva York.

–No van nunca a ningún sitio –añadían–. Todo lo que hacen es trabajar y quedarse en esa casa horrible.

Y luego alguien hacía el comentario que dejaba a todos en silencio, como si no hubiera nada más que añadir: "Y haber decidido ¡no tener hijos!"

En este punto, generalmente una de mis tías miraba en mi dirección. Siendo la niña mayor del grupo, quizá ya me empezaba a dar cuenta de ciertas cosas. Y, después de echarme una mirada significativa, callaba al hablante con algún comentario vago:

–Bueno, dadas las circunstancias...

No cabía duda que en todo aquello había una sombra de misterio. Pero una sombra que era fácil de olvidar en los días llenos de experiencias maravillosas en esos viajes a La Habana: una visita al zoológico recién construido, con la hermosa estatua de gráciles venados a la entrada; los paseos por el Malecón al anochecer, donde comíamos helados de exquisitos sabores tropicales: coco, mango, guanábana, níspero; mientras las olas enormes rompían contra el muro del Malecón en cascadas de espuma. Había días deliciosos en la playa, en la cercana Santa María del Mar, en Guanabo, o aun en Varadero, más lejana, pero de arena incomparable.

EL MISTERIO DE MI TÍO MANOLO

Hacíamos excursiones en ferry al Castillo del Morro, la vieja fortaleza española al otro lado de la bahía. Allí veíamos las imponentes murallas de piedra, gruesas e impenetrables, que fueron construidas para que no pudieran derrumbarlas los cañonazos de los barcos piratas o los buques británicos. Allí había torreones que escalar y sótanos que nos atemorizaban; y, muy profundamente escondido, el secreto de que mi propio abuelo Medardo había estado prisionero en el Morro por haber denunciado la tiranía del dictador Machado en su periódico. En esa época nadie me había explicado todavía que el horrible encarcelamiento había destruido su salud. Todos querían olvidar, y más aún evitar que los niños supiéramos que había sufrido hambre y tortura. Así que simplemente me enorgullecía en silencio por su heroísmo.

Y luego, por fin, era la hora de decir adiós a tías, tíos, primas y primos, y el largo viaje a casa, ya en tren, ya en ómnibus, atravesando valles punteados por orgullosas palmas reales, que mecían al aire sus pencas.

Una vez, mi madre y mi hermana regresaron a Camagüey en el auto de mi tía Mireya. Y mi padre y yo nos quedamos para regresar más tarde en el tren. Mi padre tenía algunas gestiones que resolver en La Habana Vieja. Como siempre, mientras caminábamos por las calles, me instaba a levantar la vista y observar las ricas fachadas de los edificios habaneros, decorados con estatuas y cornisas, con cornucopias y arabescos, aunque penosamente sucios por la polución producida por los vehículos, y a ratos ocultos por anuncios de neón y pancartas políticas.

Cuando mi padre terminó sus gestiones, me sugirió que visitáramos a sus tíos. Me sorprendí, porque nunca había oído

75

hablar de sus tíos. Y me entusiasmé, porque todo lo que compartía con mi padre –desde los viajes al campo hasta el contemplar las estrella– siempre estaba lleno de revelaciones extraordinarias.

Los tíos de mi padre vivían a las afueras de La Habana. Mientras esperábamos en un esquina bulliciosa, y veíamos pasar una tras otra guaguas congestionadas que no se detenían, mi padre empezó a contarme sobre su tía Isela y su esposo. Y al hacerlo, me reveló el misterio de mi tío Manolo.

–Mis tíos nunca tuvieron hijos –me dijo mi padre–. Mi tía, que era la hermana menor de mi madre, vivió con nosotros cuando mis hermanos y yo éramos pequeños. Amaba a los niños y echaba de menos el no tener ninguno en casa. Así que decidieron adoptar una niñita de la Casa de Beneficencia.

Yo conocía el viejo orfelinato, que se alzaba en la Calle de Belascoaín, justamente frente a la casa de mi tía Mireya. Como mi tía vivía en el tercer piso, a menudo observaba desde el balcón a los niños jugando en el enorme patio central del imponente edificio.

Mi padre continuó:

–Todo fue bien por unos años. Querían a la niñita como si fuera su propia hija, y estaban muy felices de tenerla. Pero cuando empezó a crecer, ocurrió algo terrible.

Se le entristeció la voz y yo esperaba anhelante. En ese momento, se detuvo una guagua y un montón de personas se bajaron. Subimos, empujando y escurriéndonos, mi padre por delante, abriendo los brazos para protegerme. Por varias cuadras viajamos de pie, apretujados entre tantos cuerpos. Pero a medida que la guagua se alejaba de la ciudad, mi padre fue guiándonos

EL MISTERIO DE MI TÍO MANOLO

hacia el fondo y al final logramos sentarnos.

Con toda impaciencia pregunté:

—¿Qué fue lo que pasó que era tan horrible?

—Lo que pasó —me dijo— es que descubrieron que la chica tenía una enfermedad terrible, pero muy terrible. Es una vieja enfermedad que los humanos hemos conocido por mucho tiempo. Siempre se ha pensado que es incurable, y peor aún, muy contagiosa. Es una enfermedad llamada lepra.

La palabra me desconcertó. La había oído, pero siempre en referencia a lugares remotos y tiempos lejanos. Yo había leído historias de Rodrigo Díaz de Vivar, El Cid Campeador, el bravo héroe castellano que había luchado contra los moros por la independencia de su tierra natal. Rodrigo, que era tan justo que sus propios enemigos le habían dado en nombre de *Mío Cid*, Mi Señor, se había quitado una vez el guantelete de acero para darle la mano a un leproso. Muchos consideraban que, entre todas sus hazañas, ésta era la mayor. En mi propio pueblo había una leyenda sobre el viejo asilo de leprosos, el Asilo de San Lázaro, cuyo edificio todavía existía. Pero ahora sólo vivían allí ancianos sin hogar, y yo creía que en Cuba ya no existían leprosos.

—¡Qué horrible! —fue todo lo que pude decir.

—Sí —dijo mi padre y continuó:

"No sabían que hacer. Los médicos les dijeron que no había ninguna esperanza de curación, pero que por ley tenían que hospitalizarla.

"Era muy difícil para ellos separarse de la niña a la que tanto querían. Así que se mudaron al lugar donde hoy viven. Su casa está justo en frente del lazareto, el hospital para leprosos.

"Las visitas al hospital eran bastante restringidas. Pero como mi tía vivía enfrente, le era posible hablarle a su hija a través de la

◆ CON MI TÍA MIREYA ◆
BAJO LOS FRAMBOYANES, EN 1938

cerca, y podía verla jugar en el patio con otras niñas. Y podía traerle comida de la casa, sus frutas favoritas, un postre especial.

"El director y el personal del hospital se conmovieron al ver tanta devoción. Muchos de los familiares de los leprosos los abandonan una vez que están hospitalizados. Mientras más tiempo llevan los leprosos en el hospital, menos los visitan.

"Los médicos también se preocuparon de explicarle a mi tía de los peligros de contagio. Mi tía se limitó a recordarles que ellos estaban corriendo un riesgo todavía mayor. Impresionados por su valor y devoción, le abrieron las puertas. Podía entrar cuando quisiera.

"Y lo hizo. Se volvió confidente de las muchachas. Escuchaba su tristeza, su rabia, su dolor y sus sueños. Les hablaba a los pacientes jóvenes y a los ancianos. Y se convirtió en amiga de todos. Se preocupaba de saber cuándo eran los cumpleaños, y les traía cosas de comer para que las compartieran todos los que cumplían años el mismo mes. Les donó su propio radio, ya que nunca estaba en casa para escucharlo. Oír la radio se convirtió en uno de los pocos pasatiempos que podían compartir. Recolectaba revistas viejas y los periódicos del día después que los vecinos los habían leído, aunque la gente que vivía cerca del hospital tenían ellos mismos muy poco que compartir.

"Pero probablemente fueron sus sonrisas, sus palabras y el hecho de que los veía como las personas que eran, y no simplemente como enfermos, lo que hacía que la quisieran tanto.

"Sin tener en cuenta cuánto la lepra empezó a deformar y destruir el cuerpo de su hija, siempre hablaba de su belleza, porque podía ver más allá del cuerpo enfermo a la persona que tanto amaba."

Yo lo escuchaba admirada cuando, de pronto, el relato dio un giro inesperado.

"Mi hermano Manolo –me dijo mi padre– siempre quiso ser médico. Cuando nuestra madre se enfermó y murió, se convenció del todo de que eso era lo que quería ser. Tan pronto terminó su bachillerato en el Instituto de Camagüey, le pidió a mi padre que lo dejara matricularse en la Universidad de La Habana.

"Se fue a vivir en una casa de huéspedes en el Vedado, cerca de la Universidad, y se concentró completamente en sus estudios. Como extrañaba a la familia, buscó a la tía Isela. Desde que había muerto nuestra madre, la tía Isela siempre nos enviaba tarjetas de Navidad y nos escribía para felicitarnos el día de nuestros cumpleaños. Siempre enviaba saludos de su hija y nos decía qué hermosa y sensible era. Hasta me sospecho que en su primera visita, mi hermano Manolo no sólo estaba deseando ver a nuestra tía, después de tanto tiempo, sino también conocer a la encantadora prima.

"Al principio se quedó atónito al enterarse de lo que mi tía no había querido contar en sus cartas. Me confesó que ni sus estudios ni su decisión de ser médico lo habían preparado para la deformidad y el dolor que vio en su primera visita al hospital de leprosos. Pero después de esa primera visita no podía dejar de pensar en ello. 'Ahora sé claramente –les dijo a mis tíos en su próxima visita– por qué quería verdaderamente ser médico. Y ahora sé dónde voy a ejercer.'

"Ellos lo escucharon con cariño y comprensión, sin animarlo ni disuadirlo. Y él no volvió a mencionarlo. Pero en las pocas ocasiones en que Manolo salía con alguna muchacha, siempre le

◆ MI TÍA ISABEL ◆
LA ESPOSA DE MI TÍO MANOLO

BAJO LAS PALMAS REALES

dejaba saber sus planes. Algunas trataron de disuadirlo, otras se rieron con nerviosismo y se negaron a volver a salir con él.

"Así que él pensó que nunca se casaría. Pero una enfermera en el Hospital Calixto García, donde los estudiantes de medicina hacían su internado, había observado al estudiante brillante y tranquilo. Ella era unos años mayor que él, pero era tan delgada y menuda que parecía menor que sus años. Cuando se encontraban para tomar una taza de café, casi siempre en las noches en que él estaba de guardia y ella ya había terminado su turno, ella le preguntaba cuáles eran sus planes; y él le hablaba de los leprosos, de su dolor, su aislamiento, su abandono.

"Por fin, ella le preguntó una vez: '¿Cuándo piensas volver a ir por allí?' Y cuando él se lo dijo, ella le pidió que la dejara acompañarlo. Y así, la primera cita de Manolo e Isabel fue una visita al hospital de los leprosos —me dijo mi padre, como si se lo estuviera explicando todo a sí mismo—. De regreso a casa, él le pidió que se casara con él y ella aceptó. 'Siempre y cuando no tengamos hijos. Yo no podría soportar el dolor de contagiarle esta enfermedad a un niño. Que los pacientes sean nuestros hijos'."

Y así por fin supe cuál era el secreto que hacía que la gente se callara cuando hablaban de mi tío Manolo y de mi tía Isabel. Mi tía y mi tío no eran animados y chistosos, divertidos o enérgicos como la familia de mi madre, pero su exterior reservado escondía un corazón abierto y generoso. ❧

LA LEYENDA DEL AURA BLANCA

La vieja casona en la que nací, la Quinta Simoni, y la casita minúscula a su lado, donde vivía mi bisabuela Mina, eran las dos últimas casas en la Calle General Gómez, justo antes de llegar al Río Tínima. Junto al río se alzaba la estación de radio La Voz del Tínima, que le pertenecía a mi abuelo Modesto, y un alto puente sobre la profunda garganta unía las dos márgenes del Tínima.

Era posible pasarse horas contemplando el río desde el puente, como yo lo hacía a menudo, mirando a los patos sumergirse en busca de comida, o deslizarse ágiles y gráciles sobre la superficie del agua. Me fascinaba observar los rebaños de chivos, blanco y negro, negro y blanco, paciendo junto a las márgenes. Al otro lado del río estaba la herrería, donde hombres sudorosos, con grandes delantales de cuero, fabricaban herradura tras herradura, o sostenían entre sus rodillas la pata doblada del caballo que estaban herrando.

Si uno seguía caminando más allá del puente, se encontraba unas cuantas casas diseminadas, una bodega o tienda de abarrotes en una esquina, el Cuartel Agramonte, la guarnición militar y, por último, dos asilos, uno de niños huérfanos y el Asilo de San Lázaro. Inicialmente, éste había sido un leprosario, y sobre él existía una hermosa leyenda recontada por nuestra propia Tula.

Tula era Gertrudis Gómez de Avellaneda, un ídolo para algunas de nosotras, las niñas y muchachas camagüeyanas. Nacida en Camagüey, en 1814, Tula se había ido joven a España, cuando su madre viuda se casó con un español. En Madrid, Tula publicó poesía y dramas, tuvo una apasionada aventura amorosa y se convirtió en un gigante entre los autores del Romanticismo. Nunca se olvidó de Cuba, y su amor por la isla de las palmas majestuosas aparece una y otra vez en su obra. Más tarde en su vida, regresó a su patria, aunque no a su pueblo natal. Para mí era muy emocionante haber nacido en la misma ciudad que esta gran escritora.

Su leyenda del aura blanca me fascinaba, porque conocía los lugares de los cuales hablaba, que en verdad no habían cambiado mucho en los últimos cien años. Sí, era cierto que ahora había electricidad, teléfonos y automóviles, pero en lo esencial Camagüey seguía siendo todavía un pueblo muy tranquilo, donde la mayoría de las personas se conocían, donde las tiendas cerraban al mediodía para dormir la siesta, donde año tras año se celebraban las mismas fiestas y donde todavía algunos tenían mucho mientras otros pedían limosna por la calle.

LA LEYENDA DEL AURA BLANCA

Una cosa que había cambiado era que ya no había leprosos en el viejo Asilo de San Lázaro; ahora sólo vivían allí ancianos. En comparación a los viejecitos que pedían limosna por las calles, los que vivían en el asilo se veían bien atendidos, aunque se vieran solos.

El Asilo de San Lázaro había sido fundado por un sacerdote bienintencionado, el padre Valencia, para alojar a los muchos leprosos que en esa época rondaban por las afueras de la ciudad.

Este hombre generoso dio su vida a los leprosos, tanto cuidándolos como pidiendo limosna para alimentarlos. Era un predicador elocuente y su corazón se sentía tan conmovido por el dolor de los leprosos que era capaz de conmover el corazón de otros. Cada vez que predicaba en el pueblo, conseguía recolectar dinero para construir, lentamente, pero sin tregua, su asilo.

El padre Valencia no se gastaba nada en sí mismo. Para fortalecer su espíritu, vivía como un asceta. Dormía en un par de tablas sostenidas por ladrillos y usaba un ladrillo como almohada.

A diario recorría el pueblo, tocando a las puertas, pidiendo caridad para los leprosos. Y mientras él vivió, a los leprosos no les faltó nada. Pero todos morimos, incluso los más santos. Y después de una larga vida dedicada al servicio de otros, el padre Valencia murió.

Otros sacerdotes tomaron su lugar, pero no poseían la elocuencia del padre Valencia, ni su determinación para caminar por las calles. Y así disminuyeron las limosnas y por último desaparecieron por completo. Al final, convencidos de que era imposible mantener el asilo abierto, los sacerdotes también se marcharon. Sólo quedaron los leprosos, los leprosos hambrientos y abandonados.

Y entonces, una mañana en que los desafortunados se reunieron en el patio central a iniciar otro día de miseria, un ave sorprendente descendió entre ellos.

El campo de Cuba es rico en pequeños animales salvajes y tiene también una abundancia de auras, una especie de buitres. Se ven, casi todos los días, volando muy alto, con las enormes alas desplegadas, negro ébano contra el cielo celeste, buscando los animales muertos que les sirven de alimento.

La gente sabe que estas aves son útiles, ya que limpian el campo de animales muertos. Y si bien de cerca no son precisamente bellas, cuando vuelan en lo alto se ven majestuosas.

El ave que apareció entre los leprosos era un aura. Pero era un aura doblemente sorprendente. En primer lugar, había descendido entre ellos, sin demostrar ningún tipo de temor, una conducta inusitada. Y, en segundo lugar, esta aura, al contrario de todas las que se ven volando con frecuencia, era completamente blanca.

—¡Un milagro! ¡Un milagro! —gritaron los leprosos—. Ha aparecido cuando yo pensaba en el padre Valencia —dijo uno.

—Precisamente cuando yo le estaba rezando para que no nos abandonara —añadió otro.

Y aunque el asilo estaba lejos del pueblo, la noticia se extendió inmediatamente. Los campesinos que iban camino del mercado llevaron la noticia. Y personas que nunca hubieran pensado visitar el asilo, ahora no podían detenerse. ¡Un aura blanca! Nunca se había visto esto antes.

Y fueron todos a ver el ave, que los leprosos habían colocado en un tosca jaula construida por ellos mismos. Y recor-

LA LEYENDA DEL AURA BLANCA

daron al padre Valencia, cuyas palabras de caridad y compasión, que habían olvidado, volvieron a tocar sus corazones. Y se conmovieron al ver a los leprosos que se alejaron para que la gente se acercara a admirar al ave. Y empezaron a llegar de nuevo donaciones.

El aura blanca vivió por varios años. La gente se preguntaba si era sólo un aura albina, y discutían por qué nunca antes se había visto una, y por qué nunca se ha vuelto a ver otra.

Para los leprosos, el aura fue fuente de inspiración y consuelo. Los que habían conocido al padre Valencia, sintieron su presencia entre ellos y su memoria les brindó fuerza y valor. Sabían que más allá de sus cuerpos enfermos existiría siempre algo brillante y luminoso. Quienes no habían llegado a conocer al padre Valencia, ahora se enteraron de su historia, y viendo cuánto consuelo les ofrecía su memoria a sus compañeros, se sintieron también inspirados.

Cuando el aura murió, la embalsamaron y la pasearon por toda la isla. Y de cada lugar que el aura visitaba llegaban donaciones para los leprosos.

Años más tarde, el gobierno centralizó el tratamiento de los enfermos de lepra. El Asilo de San Lázaro pasó a ser el Asilo Padre Valencia, y se dedicó al cuidado de ancianos. Sin embargo, todavía usábamos el antiguo nombre, porque en un pueblo como Camagüey es difícil olvidar los nombre tradicionales. En mi juventud, la celda del padre Valencia se conservaba intacta. Y podían verse las tablas que en un tiempo usó de cama, el ladrillo sobre el cual reposaba su cansada cabeza y, en una percha de madera , el cuerpo disecado de la misteriosa aura blanca. ◀

◆ ALMA FLOR ADA ◆
A LOS 6 AÑOS DE EDAD

¡TEMPORAL!

Cuando yo era pequeña, mi abuela entraba silenciosamente todas las mañanas a mi cuarto mientras yo dormía. Me despertaba en sus brazos, con fragancia de ylang-ylang, que recogía de un árbol frondoso a la entrada de la casa y que, después de seco, ponía en todas sus gavetas. Me ayudaba a vestirme y luego me llevaba de la mano a ver las vacas y a tomar un vaso de leche espumosa, recién ordeñada.

La mejor de las vacas, la de leche más cremosa y abundante, se llamaba Lolita, igual que mi abuela. A nadie le parecía irrespetuoso. Era común ponerle a una vaca el nombre de su dueña.

Pero cuando cumplí siete años nos mudamos a la ciudad, después de la muerte de mi tío Medardo, y vendieron todas las vacas. Después de vivir en la ciudad por unos años, regresamos a vivir en la Quinta Simoni, pero esta vez no en la vieja casona, sino en La Quintica, una casita construida por mi padre junto al río, con sus propias manos. La casona era demasiado grande. Ahora que la familia se había dispersado, no podíamos mantenerla, y se la alquiló a una agencia de camiones. Entonces, un primo de mi madre, que era dueño de una hacienda, nos dio una vaca. La dejábamos pastar libremente en un potrero al otro lado del río. Una vez al día, un campesino vecino la ordeñaba.

Mi madre le puso de nombre Matilde, como la esposa del primo que se la había regalado. Era una vaca negra con manchas blancas, y desde el día que llegó no nos faltó nunca leche fresca. La leche era tan cremosa que guardábamos a diario la nata para hacer mantequilla.

Todos los días, yo ponía la nata en el refrigerador. Una vez a la semana, la ponía en un bol y la batía por largo rato con una cuchara de palo. A medida que se endurecía, le agregaba cubitos de hielo y la seguía batiendo. Luego, enjuagaba la crema endurecida con agua fría. En las primeras lavadas, el agua salía lechosa, pero seguía enjuagándola hasta que el agua salía completamente clara y la mantequilla fresca quedaba en el fondo del bol, lista para que le echara la sal y se la untáramos al pan calentito, acabado de traer por el panadero.

La vaca Matilde nos daba tanta leche porque iba a tener un ternero. Y no nos poníamos de acuerdo sobre qué nombre le pondríamos. ¿Lo llamaríamos Felipe, como el primo que nos había regalado la vaca? ¿O Lolita, como la vaca favorita de mi abuela?

Una noche despertamos sobresaltados por el ruido de un trueno. Un rayo había caído cerca de la casa, que se sacudió como si hubiera habido una explosión. Mi padre dijo que le parecía haber oído a la vaca Matilde mugiendo como si se quejara.

Nadie más había oído nada, excepto el ruido de trueno y un tamborileo de lluvia. Pero mi padre, que se enorgullecía de su buen oído, se puso su chaqueta de cuero y se adentró en el torrente de agua que seguía cayendo con fuerza. La luz tenue de su linterna nos dejaba saber que se había ido en dirección al puente de madera. Con tanta lluvia, el río estaría demasiado crecido para cruzarlo por el vado. Mi madre y yo nos quedamos levantadas a esperarlo. Mi madre calentó leche y puso a hervir agua para colar café. Muy pronto, el fuerte aroma del café recién colado inundaba la casa.

Acepté una taza de leche caliente con unas gotas del espeso café, y, muy pronto, me quedé dormida en el sofá. Cuando la tormenta volvió a despertarme, mi madre estaba en el portal. Me uní a ella justo en el momento en que el viento lanzaba una ráfaga de lluvia contra el portal, empapándonos. Pero mi madre no quiso entrar a la casa. Buscaba en la oscuridad alguna señal de mi padre.

De pronto, un relámpago alumbró lo que parecía un monstruo horrible. Aunque más bajo que un hombre, tenía una cabeza monstruosa, que me recordó al Minotauro, en uno de los libros de mitología de mi abuela. Temblé de pavor.

Mi madre, en cambio, corrió hacia la figura, ahora envuelta por las sombras de la noche, que se acercaba hacia la casa. Sin saber muy bien qué hacer, la seguí. Y entonces, otro relámpago volvió a romper la oscuridad. Y como si el rayo lo hubiese partido en dos, el monstruo se separó en dos partes al colocar mi padre, sobre sus patas inseguras al ternero que había traído cargado sobre los hombros. Matilde, que había seguido a mi padre y su ternero bajo la tormenta, estaba ahora al lado del ternerito tembloroso.

—¿Y si lo llamáramos Temporal? —preguntó mi padre mientras se quitaba la chaqueta. Mi madre se echó a reír. No cabía duda de que Temporal era el nombre perfecto. Y siguió riéndose mientras trataba de secarle el rostro a mi padre. Juntos entraron a la casa.

Yo me quedé afuera, empapada, observando a Matilde lamer su ternero, como si la lluvia, que se había ido volviendo más y más suave, no fuera suficiente para limpiarlo. ✦

Epílogo

La vida en una ciudad pequeña tenía un sabor especial. El tiempo parecía moverse muy lentamente; cada día, una repetición del anterior. Toda experiencia fuera de lo ordinario recibía una enorme cantidad de atención y se convertía en un foco de conversación por muchos días.

Para una niña deseosa de entender la vida, nuestro pueblo ofrecía una inmensa riqueza de información, sólo con observar la conducta de las personas. Era sorprendente que, entre un número relativamente pequeño de personas, pudiera haber tal diversidad. Cada persona era un mundo propio.

Hoy, muchos años más tarde, y desde una gran distancia en tiempo y espacio, descubro que mucho de lo que aprendí entonces está muy fresco en mi memoria y continúa ayudándome a entender la vida y sus misterios.

Ojala estos relatos te ayuden a ver la riqueza que te rodea... y la riqueza que se encierra dentro de ti. ✦

◆ EN EL PORTAL DE LA QUINTICA ◆
MI MADRE Y MI ABUELO MODESTO
EN PRIMER PLANO

✦ MI ABUELO ✦
MEDARDO LAFUENTE RUBIO

✦ NOSOTROS CUATRO ✦
MI PADRE, MI HERMANA FLOR, YO Y MI MADRE